Die Reform des Strafverfahrens.

Von

Dr. Franz v. Liszt,
ord. Professor der Rechte an der Universität Berlin.

Berlin, 1906.
J. Guttentag, Verlagsbuchhandlung,
G. m. b. H.

Vorbemerkung.

Die nachstehenden Aufsätze sind zuerst in der „Nation“ (Nummer 14, 16, 18, 20, 22, 24 des XXV. Jahrgangs) erschienen. Ich übergebe sie einstweilen unverändert (nur ein tatsächlicher Irrtum ist berichtigt worden) der breiteren Öffentlichkeit, um die umfassende Besprechung der aufgeworfenen Fragen anzuregen. Die Arbeiten der Internationalen Kriminalistischen Vereinigung dürften mir Gelegenheit geben, binnen Jahresfrist meine Vorschläge zur Reform des Strafverfahrens weiter auszubauen und mit den nötigen literarischen Nachweisen zu versehen.

Der Verfasser.

Inhaltsübersicht.

I.

Die Arbeitsmethode der Kommission.

In zwei stattlichen Bänden liegen die „Protokolle der Kommission für die Reform des Strafprozesses", herausgegeben vom Reichsjustizamt (bei J. Guttentag) seit einigen Monaten vor uns. 86 Sitzungen haben die Beratungen im ganzen in Anspruch genommen; davon entfallen 56 auf die erste, 30 auf die zweite Lesung. Es ist an der Zeit, daß die politisch denkenden Kreise unseres Volkes mit dieser umfassenden Arbeit und den in unser Rechtsleben tief einschneidenden Ergebnissen, die sie gezeitigt hat, gründlicher sich auseinandersetzen, als sie es bisher getan haben.

Der Aufforderung des Herausgebers der „Nation" Folge leistend, will ich in einer Reihe von Artikeln vom streng wissenschaftlichen Standpunkt aus, unter möglichster Ausschaltung parteipolitischer Anschauungen, meine Ansicht, daß die von der Kommission gemachten Vorschläge keine Verbesserung, sondern eine beträchtliche Verschlechterung unseres Strafverfahrens bedeuten, näher zu begründen versuchen.

Es ist nicht leicht, die Arbeiten der Kommission gerecht zu würdigen. Ganz abgesehen von ihrer höchst sonderbaren Zusammensetzung, auf die hier nicht näher eingegangen werden soll, standen ihren Beratungen von allem Anfang an ernste, von ihr nicht verschuldete Hindernisse im Wege; Hindernisse, durch welche die Erreichung des gesteckten Zieles fast unmöglich gemacht wurde, da sie von der Kommission weder beseitigt, noch auch umgangen werden konnten.

Vor allem ist es ein schwerer, nicht wieder gut zu machender Fehler, daß die Reform des Strafverfahrens vor der des Strafgesetzbuches in Angriff genommen worden ist. Diese Reihenfolge der Reformarbeiten erinnert lebhaft an Zschokkes übermütige Erzählung „Tantchen Rosmarin, oder alles verkehrt": erst Kindtaufe, dann Trauung, dann Entführung. Es kann doch keinem Zweifel unterliegen, daß die gesamte Gestaltung des Strafverfahrens, von der Organisation der Strafgerichte angefangen, bis zum Rechtsmittelsystem, bedingt und bestimmt wird durch die Vorschriften des materiellen Strafrechts, daß daher die Einigung über die Grundlagen unserer künftigen Strafgesetzgebung allen Reformversuchen auf strafprozessualem Gebiet notwendig vorausgehen muß. Aus gutem Grund hat sich auch der Referent des Deutschen Juristentages von 1902, Professor Kahl-Berlin, auf diesen Standpunkt gestellt und verlangt, daß mit der Reform des Strafgesetzbuches begonnen werden solle.

Man wende nicht ein, daß die Zeit für ein neues Strafgesetzbuch noch nicht gekommen sei. Das ist nur richtig, soweit die einzelnen Verbrechenstatbestände in Frage sind. Auf diese kommt es aber zunächst gar nicht an. Und eine, wenigstens teilweise Umgestaltung des allgemeinen Teiles des Strafgesetzbuchs ist schon heute ganz wohl möglich, ohne daß die noch vorhandenen Gegensätze der wissenschaftlichen Anschauungen oder das Stärkeverhältnis der politischen Parteien im Reichstag dabei im Wege ständen.

Ich hebe an dieser Stelle einen einzigen Punkt hervor, auf den ich noch wiederholt zurückkommen werde. Ganz allgemein wird heute zugegeben, von Theoretikern wie von Praktikern, von Anhängern der alten, wie von Vertretern der neuen strafrechtlichen Richtung, daß die Dreiteilung der strafbaren Handlungen in Verbrechen, Vergehen und Übertretungen, wie sie § 1 unseres Strafgesetzbuchs aus dem französischen Recht übernommen hat, aufgegeben werden muß. Es ist verkehrt, eine Handlung, die unter den im gegebenen Fall vorliegenden Umständen zweifellos nur eine mäßige Gefängnisstrafe nach sich ziehen wird, bloß deshalb als Verbrechen zu behandeln, weil sie unter anderen, im gegebenen Fall eben nicht vorliegenden Voraussetzungen mit Zuchthaus bedroht wäre. Und es ist noch viel schlimmer, daß die geringfügigsten Polizeiübertretungen nach denselben Grundsätzen behandelt werden wie die schwersten Eingriffe in die Rechtsgüter des einzelnen Staatsbürgers oder der Gesamtheit. Eine Änderung des § 1 St. G. B. ist jeden Augenblick möglich. Ein Reichsgesetz, durch welches die Ausscheidung der Polizeiübertretungen aus dem Gebiete des kriminellen Unrechts und eine anderweitige Abgrenzung von Verbrechen und Vergehen angeordnet wird, braucht nur aus wenigen Paragraphen zu bestehen und würde im Reichstag bei keiner Partei auf ernstlichen Widerstand stoßen. Durch ein solches Gesetz würde aber zugleich die Aufgabe, die Strafgerichtsverfassung und das Strafverfahren befriedigend zu gestalten, ganz wesentlich vereinfacht und erleichtert werden.

Das Reichsjustizamt hat es anders gewollt. Und es ist nicht die Schuld der Strafprozeßkommission, daß sie die Schwierigkeiten, die durch die Gleichstellung der Polizeiübertretungen mit dem eigentlichen kriminellen Unrecht wie durch die widersinnige Abgrenzung von Verbrechen und Vergehen gegeben sind, zu überwinden nicht imstande war.

Aber selbst wenn wir zugeben wollten, daß eine befriedigende Reform des Strafverfahrens auf der Grundlage des geltenden Strafrechts möglich sei, muß der Weg, den das Reichsjustizamt eingeschlagen hat, als verfehlt bezeichnet werden. Für die Schaffung eines einheitlich gearbeiteten, umfangreichen Gesetzgebungswerkes bieten sich zwei Möglichkeiten: man kann entweder die Ausarbeitung des ersten Entwurfes in die Hand eines einzelnen Mannes legen und diesen Entwurf dann in einer mehrgliedrigen Kommission durchberaten lassen; oder man kann die Grundlagen für den aufzustellenden Entwurf erst durch eine Kommission feststellen lassen und dann die Ausgestaltung des Gesetzes auf dieser Grundlage einem Referenten anvertrauen. Wenn man aber eine Kommission von 21 Mitgliedern zusammentreten läßt, um ohne jede Grundlage alle Einzelheiten der Gerichtsverfassung und des Verfahrens zu beraten und durch die Beschlüsse wechselnder Mehrheiten festzustellen, dann kann ein befriedigendes Ergebnis gar nicht erwartet werden.

Das Reichsjustizamt scheint das Bedenkliche eines solchen Vorgehens auch empfunden zu haben. Es hat ein Fragenschema ausarbeiten lassen, das in der Ausgabe der Protokolle acht Druckseiten umfaßt und dabei die grundlegenden Fragen: Organisation der Strafgerichte und Rechtsmittelsystem an den Schluß stellt.

Eine Kommission aber, die erst in der 44. Sitzung an die Beratung der Fragen herantritt, von deren Beantwortung die gesamte Gestaltung des Strafverfahrens abhängt, kann fruchtbringende Arbeit unmöglich leisten. In der zweiten Lesung wurde die durch die Sache gebotene Reihenfolge der Beratungsgegenstände allerdings hergestellt; aber da war der richtige Augenblick vorbei.

Es mag mit diesem verkehrten Gang der Verhandlungen zusammenhängen, daß die Protokolle, wenn man sie der Reihe nach durchstudiert, den Eindruck hinterlassen, als habe es der Kommission an großen leitenden Gesichtspunkten völlig gefehlt, als wäre sie über die wichtigsten Fragen ohne gründliche Beratung hinweggegangen, um dafür auf die Erörterung nebensächlicher Punkte viel Zeit und Mühe zu verschwenden. Dieser Eindruck wird durch die von dem Verfasser der Protokolle gewählte Darstellung verstärkt. Ohne die Namen der Antragsteller und der Redner zu nennen, bringen die Protokolle den Wortlaut der sämtlichen, manchmal nur in ganz nebensächlichen Einzelheiten voneinander abweichenden Anträge, die zu Beginn und im Verlauf der Beratung gestellt worden sind; dazu einen Auszug aus den für und wider geltend gemachten Gründen und endlich das Ergebnis der manchmal recht verwickelten Abstimmung. Ich nehme an, daß für diese steifleinene, echt bureaukratische Form der Darstellung gewichtige Gründe maßgebend waren. Jedenfalls ist damit in den Mitteilungen über den Gang der Beratungen jedes persönliche Moment vollkommen ausgeschaltet. Und das ist ein schwerer Mangel. Es ist gerade für dieses grundlegende Stadium der Vorarbeiten doch nicht gleichgültig, von welchem Mitglied der Kommission diese oder jene Ansicht ausgesprochen worden ist, oder aus welchen Mitgliedern etwa sich die überstimmte Minderheit zusammengesetzt hat.

Trotz allen diesen mildernden Umständen, deren Vorliegen ich gern anerkenne, kann der Kommission ein schwerer Vorwurf nicht erspart werden; ein Vorwurf, der nicht das Reichsjustizamt, sondern die Kommission selbst trifft: sie ist sich über die große Aufgabe nicht klar geworden, die sie, trotz des ihr vorgelegten Fragebogens, zu erfüllen hatte, wollte sie mehr leisten, als was jeder Hilfsarbeiter im Reichsjustizamt für sich allein ebensogut zu leisten imstande war.

Diese Aufgabe aber ging dahin, die Gründe klarzulegen, aus welchen, wie die Motive zu der Regierungsvorlage von 1895 zugeben, das Vertrauen des Volkes in unsere Strafrechtspflege erschüttert ist, und damit die Richtung zu bestimmen, in der sich die Reformvorschläge zu bewegen haben. Zu einer solchen Prüfung hätte schon die unbestreitbare und wohl auch allgemein bekannte und anerkannte Tatsache Anlaß geben sollen, daß diese Erschütterung des Vertrauens nicht allen Gerichtskörpern gegenüber und nicht in allen Teilen des Deutschen Reichs in gleicher Stärke vorhanden ist.

Der tiefste Grund für die Entfremdung, die zwischen dem Rechtsbewußtsein des Volkes und unserer Strafrechtspflege zweifellos besteht, liegt zum kleineren Teil im Gesetz, zum größeren Teil in der Persönlichkeit unserer beamteten Strafrichter. Das darf nicht vertuscht, das muß vielmehr mit möglichster Offenheit ausgesprochen werden.

Seit dem ersten Jahrzehnt nach Gründung des Deutschen Reichs ist das Richteramt mehr und mehr, ganz besonders in Preußen, ein Privileg der wirtschaftlich bessergestellten Schichten des deutschen Volkes geworden. Der Sohn unbemittelter Eltern kann heute nicht daran denken, Richter zu werden. Während der Universitätsjahre kann er sich noch durchbringen; Nebenbeschäftigungen verschiedenster Art stehen ihm offen, und an Unterstützung durch Stundung der Vorlesungsgelder, Stipendien usw. fehlt es glücklicherweise nicht. Aber kann er nach bestandenem Referendarexamen die Bescheinigung über standesgemäßes Einkommen nicht erbringen, so ist es mit der weiteren richterlichen Laufbahn vorbei. Je länger der Vorbereitungsdienst dauert, je später der junge Jurist vom Staate irgendwelche Vergütung erhält, desto breiter müssen die Schichten der Bevölkerung werden, die vom Richteramt ausgeschlossen sind.

Der Strafrichter steht also schon infolge seiner Abstammung, wie infolge des Einflusses seiner Umgebung in dem Bann festumschriebener Standesanschauungen, die, wie das nicht anders möglich ist, nur zu häufig Standesvorurteile sind. Ist er zugleich Reserveoffizier, so ist es begreiflich, daß er sich in das Denken und Fühlen der unteren Volksklassen oder etwa gar in die Ehrbegriffe eines organisierten Arbeiters nicht hineinzuversetzen vermag.

Der Zivilrichter macht diese Einseitigkeit seiner Erziehung in den meisten Fällen wieder gut durch tüchtige, berufsmäßige Ausbildung. Dem Strafrichter pflegt auch diese, und zwar besonders wieder in Preußen, völlig zu fehlen. Strafrecht und Strafprozeß spielen im juristischen Studium, beim Examen, im Vorbereitungsdienst eine ganz untergeordnete Rolle; und was der Kriminalist außer der Kenntnis des Gesetzes sonst noch braucht, ganz besonders aus den Gebieten der Psychologie und Psychiatrie, das lernt er systematisch überhaupt nicht.

Die Kommission hat es ausgesprochen (I 390), daß die Schwurgerichtsvorsitzenden nicht immer für ihre schwierige Aufgabe geeignet seien. Das ist ein schwerwiegendes Zugeständnis. Mag immerhin bei Auswahl der Vorsitzenden von unserer Justizverwaltung viel gesündigt und auf schneidiges Auftreten besonderes Gewicht gelegt werden: damit allein ist die beklagenswerte Tatsache nicht erklärt. Wenn, wie wir es oft genug erlebt haben, der Vorsitzende von allem Anfang an keinen Zweifel darüber aufkommen läßt, daß er persönlich von der Schuld des Angeklagten überzeugt ist, wenn er sein Verhalten diesem wie den Entlastungszeugen gegenüber demgemäß einrichtet, wenn er also gerade das tut, was die Pflicht zu unparteiischer Leitung der Verhandlung ihm auf das strengste verbietet — so haben wir in diesem Verhalten gewiß nicht eine bewußte und gewollte Verletzung der heiligsten Richterpflicht, sondern lediglich den Ausfluß mangelhafter beruflicher Ausbildung zu erblicken. Wie viele Strafrichter mag es denn bei uns geben, denen die Grundgedanken des Anklageprozesses wirklich in Fleisch und Blut übergegangen sind?

Nach allen diesen Richtungen hin könnte eine einsichtige Justizverwaltung gar manches bessern, ohne daß es einer Änderung der Gesetzgebung bedürfte. Aber das steht hier nicht zur Frage. Ich behaupte nur, daß die Kommission zur Reform des Strafprozesses sich diesen springenden Punkt nicht klar gemacht hat.

Hätte sie es getan, so würde sie zu der Erkenntnis gelangt sein, daß es die Strafkammern und nur die Strafkammern sind, deren Urteile das Vertrauen des Volkes in unsere Strafrechtspflege erschüttert haben. Nur an einzelnen Stellen (so I 451) taucht diese Erkenntnis flüchtig auf, um sofort wieder zu verschwinden. Soviel ich weiß, hat die Rechtsprechung unserer Schöffengerichte im allgemeinen überall befriedigt; auch die Kommission muß das annehmen, sonst hätte sie die weitere Durchführung der Schöffengerichtsverfassung nicht vorschlagen können. Auch bezüglich des Schwurgerichts kann von einem Mißtrauen des Volkes keine Rede sein; daß die beamteten Juristen wohl in ihrer Mehrheit Gegner des Schwurgerichts sind, hat mit der von mir hier aufgestellten Behauptung nichts zu tun.

Von sozialdemokratischer Seite ist allerdings scharfe Kritik an einzelnen Wahrsprüchen der Geschworenen geübt worden. Aber das hängt mit der Auswahl der Geschworenen zusammen, die später noch zu besprechen ist; und ich glaube nicht, daß sozialdemokratische Anschauungen in der Kommission maßgebend gewesen sind, die zwar Vertreter der bürgerlichen Parteien (von sechs Parlamentariern gehörten nicht weniger als drei der „regierenden Partei“ an), aber keinen Abgeordneten der Sozialdemokratie zu ihren Mitgliedern zählte.

Ich wiederhole: die Urteile der bloß mit beamteten Richtern besetzten Strafkammern sind es, die das Ansehen unserer Strafrechtspflege geschädigt haben. Der schlagendste Beweis für die Richtigkeit dieser Behauptung liegt in dem Verlangen nach Einführung der Berufung. Dem Schöffengericht gegenüber haben wir sie ja bereits; dieses ist also unschuldig, wenn jenes Verlangen immer lebhafter wurde. Daß aber die Berufung auch gegen Urteile der Schwurgerichte verlangt worden sei, habe ich weder gehört noch gelesen. Es handelt sich also ausschließlich nm die Berufung gegen die Urteile der Strafkammern.

Mit dieser Erkenntnis war der Weg für die weitere Untersuchung vorgezeichnet. Die Kommission hatte in erster Linie zu prüfen, ob der Mangel des Strafkammerverfahrens durch die Einführung der Berufung und nur durch diese behoben werden könne. Diese Prüfung hätte zweifellos zu dem Ergebnis geführt, daß die Mängel tiefer liegen, als die Anhänger der Berufung annehmen, daß die Gestaltung des Vorverfahrens und das Überwuchern inquisitorischer Elemente in der Hauptverhandlung den schlimmsten Fehler des Gesetzes und seiner Handhabung darstellen. Die Beseitigung dieser Mängel des Strafkammerverfahrens wäre ohne weiteres dem gesamten Strafprozeß vor den Gerichten jeder Ordnung und in jeder Instanz zugute gekommen.

Die Kommission hat es vermieden, der Frage auf den Grund zu gehen. Sie hat sich mit einer Schablonisierung unserer Gerichtsverfassung begnügt, wie sie kein Professor in seiner Studierstube, kein Ministerialdezernent am grünen Tisch doktrinärer, schemenhafter hätte ausklügeln können: ein Schöffengericht am Amtsgericht; vier (!) Schöffengerichte am Landgericht; dazu nicht nur die Strafkammern, die Senate der Oberlandesgerichte und das Reichsgericht, sondern auch der Amtsrichter als Einzelrichter ohne Zuziehung von Schöffen. Eine verwirrende Überfülle von Gerichtskörpern und damit die rettungslose Zersplitterung des einheitlichen Strafprozesses in eine ganze Reihe von ordentlichen Verfahrensarten. Dabei sind die außerordentlichen noch gar nicht mitgerechnet: die polizeiliche Strafverfügung, der amtsrichterliche Strafbefehl, der Strafbescheid der Finanzbehörde; das summarische

Verfahren, das Kontumazialverfahren, das Privatklageverfahren, alle drei in erheblich weiterem Umfang zugelassen; das objektive Verfahren, das Verfahren gegen abwesende Militärpflichtige. Daß diese vielköpfige Mißgeburt lebensfähig sei, wird außer ihren Erzeugern wohl kaum jemand annehmen.

Sorgfältig hat man die Arbeiten der Kommission vor jedem Luftzug der öffentlichen Meinung gehütet; nur durch kleine Indiskretionen ist da und dort etwas von den gefaßten Beschlüssen in engeren Kreisen bekannt worden. Erst von der fertiggestellten Arbeit durften die Fachmänner wie die Politiker Kenntnis nehmen. Diese Geheimniskrämerei rächt sich diesmal, wie sie sich immer gerächt hat und rächen muß. Heute hat die Kritik den abgeschlossenen Vorschlägen gegenüber nur die Möglichkeit, sie im ganzen anzunehmen oder zu verwerfen. Wenn die Annahme nicht möglich ist, bleibt nur die Verwerfung übrig. Damit ist wieder einmal eine Fülle fleißigster Arbeit zum toten Material geworden.

II.

Die Beseitigung der Schwurgerichte.

Daß in einer bloß aus Juristen zusammengesetzten Kommission das Schwurgericht nur vereinzelte Freunde finden werde, stand seit dem deutschen Juristentag von 1892 für jeden Kundigen fest. Der Beschluß der Strafprozeßkommission, an Stelle des Schwurgerichts das große Schöffengericht zu setzen, brachte daher keine Überraschung. Unerwartet war zunächst freilich das Stimmenverhältnis. In erster Lesung wurde der Beschluß, „es sei nach den praktischen Erfahrungen, die mit den Schwurgerichten gemacht worden sind, nicht angezeigt, an dieser Einrichtung festzuhalten", mit siebzehn gegen eine Stimme gefaßt (Protokolle I 384); in der zweiten Lesung zog auch dieses eine Mitglied seinen Widerspruch zurück (II 1). Unerwartet war ferner die spielende Leichtigkeit, mit der die Kommission über das Schwurgericht zur Tagesordnung übergegangen ist.

Vom technisch-juristischen Standpunkt aus muß allerdings dem Schöffengericht der Vorzug vor dem Schwurgericht gegeben werden. Die Teilnahme der nichtbeamteten Richter an der Strafrechtspflege tritt uns dort in vollkommenerer Form entgegen als hier. Die Schöffen sind mit dem Richter gleichberechtigt; sie sind Vollrichter wie er und nehmen als solche an sämtlichen im Verlauf der Hauptverhandlungen zu fällenden Entscheidungen teil, mit Einschluß der prozeßleitenden Beschlüsse und der Strafzumessung. Die Geschworenen dagegen sind auf die Entscheidung der Schuldfrage (und der Frage nach den mildernden Umständen) beschränkt. Im Schöffengericht ein einheitliches Kollegium; im Schwurgericht die Spaltung in Richterbank und Geschworenenbank. Umgekehrt muß freilich zugegeben werden, daß die im Volke lebenden ethischen Werturteile, die ja gerade durch die Zuziehung von nichtbeamteten Richtern zur Geltung gebracht werden sollen, im Schöffengericht leicht durch die formaljuristische Auffassung des vorsitzenden Richters beeinflußt werden können, während sie in der getrennten Beratung und Abstimmung der Geschworenenbank in voller Selbständigkeit zutage zu treten Gelegenheit haben. Das ist ein Punkt von großer Wichtigkeit, der nicht unberücksichtigt bleiben darf; entscheidende Bedeutung vermag ich ihm freilich nicht beizulegen.

Es wäre aber völlig verfehlt, die Entscheidung zwischen dem Schwurgericht und dem großen Schöffengericht ausschließlich von technisch-juristischen Erwägungen abhängig zu machen. Das Schwurgericht, wie wir es heute im Deutschen Reiche haben, ist, mit allen seinen Vorzügen und allen seinen Mängeln, nicht die willkürliche Erfindung irgendeiner legislativen Potenz, sondern das Ergebnis einer Jahrhunderte alten geschichtlich-politischen Entwicklung.

Für diese Seite der Frage scheint freilich der Kommission jedes Verständnis gemangelt zu haben. Die Protokolle (I 389) versteigen sich zu der Behauptung, man habe erst im Jahre 1848 in Deutschland angefangen, dem Geschworenengericht Aufmerksamkeit zu schenken, es als eine freiheitliche Institution zu betrachten und seine Einführung unter die Forderungen des Liberalismus aufzunehmen. Diese Tatsache würde, wenn sie wahr wäre, nichts beweisen; denn das Schwurgericht ist keine deutsche Rechtsschöpfung, sondern ein Weltinstitut. Die Tatsache ist aber falsch. Feuerbachs Betrachtungen über das Geschworenengericht sind schon 1812 geschrieben; und nicht vom politischen, sondern vom nationalen Standpunkt aus haben die Germanistenversammlungen zu Frankfurt 1847 und Lübeck 1848 die Einführung des Schwurgerichts gefordert. Und ebenso tut die Kommission den Tatsachen Gewalt an, wenn sie (I 397) meint, das Schwurgericht habe seine geschichtliche Mission erfüllt, da die Unabhängigkeit der beamteten Richter heute gewährleistet und die freie Beweiswürdigung gesichert sei. Sie vergißt dabei, daß diese Entwicklung bereits mit dem Jahr 1879 für alle Gebiete des Deutschen Reichs erreicht war, und daß man dennoch damals an dem Schwurgericht festgehalten hat. Sie übersieht dabei auch, daß ihr Argument zuviel beweist, daß es mit derselben Berechtigung gegen die Zuziehung von Laien überhaupt, also auch gegen das von der Kommission vorgeschlagene Schöffengericht, ins Feld geführt werden könnte.

Aber auch wenn die Geschichte des Schwurgerichts mit dem Jahre 1848 begonnen hätte — der von der Kommission eingenommene Standpunkt wäre darum nicht weniger unhaltbar. Länger als ein halbes Jahrhundert hat das Schwurgericht auf deutschem Boden bestanden; und es hat sich eingewurzelt, freilich dort tiefer, hier loser. Eingelebte Rechtsinstitute wechselt man aber nicht wie Kleider, die zu eng oder zu weit geworden sind. Die Kommission hätte daher, um ihren Vorschlag zu rechtfertigen, nachzuweisen gehabt, daß erstens die mit dem Schwurgericht in seiner heutigen Gestalt gemachten Erfahrungen eine Änderung des geltenden Rechts dringend fordern; und daß zweitens die technisch-juristischen Mängel des schwurgerichtlichen Verfahrens nicht unter Beibehaltung seines Wesens beseitigt oder doch gebessert werden können. Nach beiden Richtungen hin hat die Kommission ihre Aufgabe nicht erfüllt.

Allerdings hat die „überwiegende Mehrzahl" der Kommissionsmitglieder „unter Anführung vieler Einzelfälle" der Ansicht Ausdruck gegeben, daß die mit dem Schwurgericht gemachten „Erfahrungen sehr schlechte seien" (I 390); aber nach einem Beleg für diese Behauptung suchen wir vergebens. Die Berufung auf die „vielen Einzelfälle" beweist gar nichts. Fehlsprüche sind überall vorgekommen: auch bei den Schöffengerichten und den Strafkammern. Selbst die Entscheidungen des Reichsgerichts haben der Kritik nicht immer stand gehalten. Und wenn die Juristen den Wahrspruch der Geschworenen für einen Fehlspruch erklären, so ist damit noch lange nicht bewiesen, daß die Juristen recht, und daß die Geschworenen unrecht haben. Es darf auch nicht vergessen werden, daß in der Handhabung des Gesetzes, wie sie sich in einzelnen Teilen Deutschlands, ganz besonders in Preußen, eingebürgert hat, gar manche Momente liegen, die einen ungünstigen Einfluß auf die Richtigkeit des Wahrspruchs auszuüben vermögen. Bei der Auswahl zum Geschworenendienst pflegen die Angehörigen des Arbeiterstandes wie des kleinen Handwerks übergangen zu werden; damit ist die Gefahr gegeben, daß die Anschauungen bestimmter Volksklassen einseitig zur Geltung gelangen. Und daß das Auftreten des Staatsanwalts, Voreingenommenheit des Vorsitzenden, Unselbständigkeit der richterlichen Beisitzer, schlechte Behandlung der Verteidiger, unzureichende Rechtsbelehrungen usw., die Geschworenen nur zu leicht zu sachlich ungerechtfertigten Freisprechungen reizen können, weiß ein jeder von uns: wie viele von den in der Kommission angeführten Einzelfällen von unrichtigen Wahrsprüchen auf solche Veranlassungen zurückzuführen sind, entzieht sich der Beurteilung. Die Behauptung, daß mit dem Schwurgericht „sehr schlechte Erfahrungen“ gemacht seien, bleibt mithin ohne jede ernst zu nehmende Begründung. Eine amtliche Kommission, die eine solche Behauptung ohne die sorgfältigste methodische Enquete aufstellt, kann den Vorwurf der Oberflächlichkeit nicht zurückweisen.

Aber selbst, wenn man die schlechten Erfahrungen zugeben wollte, bliebe die Frage offen, ob nicht durch eine Verbesserung des schwurgerichtlichen Verfahrens ein günstigeres Ergebnis herbeigeführt werden könnte. Gerade hier hat sich die Kommission ihre Aufgabe ungemein leicht gemacht. Sie behauptet schlankweg, daß „die zahlreichen und schwerwiegenden Mängel des heutigen schwurgerichtlichen Verfahrens ... mit der Form des Schwurgerichts untrennbar verbunden seien“ (I 391).

Zu den mit dem Wesen des Schwurgerichts „untrennbar verbundenen“ Mängeln rechnet die Kommission:

1. das peremptorische (d. h. nicht weiter zu begründende) Ablehnungsrecht der Prozeßparteien;

2. die Teilung des Gerichts in zwei getrennte Organe, in Verbindung mit der Fragestellung und der Rechtsbelehrung;

3. den mit Gründen nicht versehenen Wahrspruch.

Damit sind, wie ich gern zugebe, die wichtigsten technischen Mängel des Schwurgerichtes im ganzen zutreffend bezeichnet; daß sie aber mit dem Wesen des Schwurgerichts untrennbar verbunden seien, ist eine völlig willkürliche, unbewiesene und unbeweisbare Behauptung.

Auf das peremptorische Ablehnungsrecht der Prozeßparteien kann ohne weiteres verzichtet werden; es ist für den Geschworenen, der für diesen Tag freikommen möchte, wertvoller als für den Angeklagten. Bei rechtzeitiger Mitteilung der Spruchliste kann das motivierte Ablehnungsgesuch vor Beginn der Hauptverhandlung angebracht und erledigt sein.

Viel schwieriger ist es, über die Teilung des Gerichts in zwei getrennte Organe hinwegzukommen, ohne den Grundgedanken des Schwurgerichts selbst preiszugeben.

Das geltende Recht hat die Verbindung zwischen Richterbank und Geschworenenbank hauptsächlich durch zwei Einrichtungen herzustellen versucht: die Fragestellung einerseits, die Rechtsbelehrung andererseits. Beide Einrichtungen sind unvollkommen und verbessernngsfähig; ihre völlige Verwerfung durch die Kommission aber entbehrt der zureichenden Begründung.

Über die Bedeutung der Fragestellung im schwurgerichtlichen Verfahren herrscht gar manches Mißverständnis. Auch die Kommission scheint sich die Frage nicht klar gemacht zu haben. Jeder Abstimmung, sei es in einer Volksversammlung, sei es im Parlament, sei es in einem Richterkollegium, muß eine Einigung über die Fragestellung vorangehen. Von dem Inhalt und von der Reihenfolge der gestellten Fragen hängt das Ergebnis der Abstimmung in zahlreichen Fällen ab; daher die häufigen und langwierigen Geschäftsordnungsdebatten vor wichtigen Abstimmungen. Das gilt also nicht bloß für das Schwurgericht, sondern auch dann, wenn es sich um ein lediglich mit beamteten Richtern besetztes Kollegium handelt. Jeder Jurist kennt die umfangreiche Literatur, die sich mit der Abstimmung in Richterkollegien beschäftigt, und die zahlreichen Streitfragen, die hier auftauchen. Für den Nichtjuristen will ich nur ein einziges Beispiel geben. Nehmen wir an: von den drei Richtern, die das Kollegium bilden, hält der eine den Angeklagten für schuldig; der zweite nimmt an, daß er geistesgestört sei; der dritte, daß er in Notwehr gehandelt habe. Wenn in diesem Falle der Vorsitzende die Fragen trennt und erst nach Geistesstörung und dann nach Notwehr fragt, so werden diese beiden Fragen durch die Mehrheit der Richter verneint werden. Und die jetzt zu stellende Schuldfrage muß, da die überstimmten Richter sich der Auffassung der Mehrheit anzuschließen haben, zur einstimmigen Verurteilung des Angeklagten führen. Stellt der Vorsitzende dagegen von vornherein nur die eine und einheitliche Frage: „Ist der Angeklagte schuldig usw.“, so wird die Schuld mit 2 Stimmen (des 2. und des 3. Richters) gegen 1 Stimme verneint und der Angeklagte freigesprochen.

Wenn nun unser Strafprozeßgesetz über die Fragestellung im schwurgerichtlichen Verfahren ganz bestimmte Regeln aufstellt, so liegt der Fehler nur darin, daß es diese Regeln auf das schwurgerichtliche Verfahren beschränkt, während sie in gleicher Weise auf alle Arten und für alle Stadien des Verfahrens gelten müßten. Auch nach allgemeiner Durchführung der Schöffengerichtsverfassung können wir diese Regeln nicht entbehren, wenn nicht das Schicksal des Angeklagten in die Hand des Vorsitzenden gelegt werden soll. Nicht Beseitigung der Fragestellung, sondern Ausbau und Verallgemeinerung der für das Schwurgericht aufgestellten Regeln kann die Forderung sein.

Der Mangel liegt also gar nicht dort, wo die Kommission ihn gesucht hat: in der Fragestellung selbst. Er liegt vielmehr darin, daß die Mitwirkung der Geschworenen an der Fragestellung nicht genügend gesichert ist, daß die Ansätze zu einer Geschäftsordnungsdebatte, die sich gerade in unserer Prozeßordnung finden, nicht hinreichend entwickelt sind. Der Fehler liegt ferner in dem öden Formalismus unserer heutigen Fragestellung, der uns dazu zwingt, unter Umständen (etwa bei Versuch oder Teilnahme) den Wortlaut mehrerer Paragraphen des Strafgesetzbuchs in ein und dieselbe Frage hineinzuschachteln. Daß sich dieser Formalismus nicht beseitigen läßt, ist wiederum eine in der Luft stehende Behauptung, die bei gründlicherer Kenntnis der in Italien und in anderen Ländern in dieser Beziehung gemachten legislativen Vorschläge gar nicht aufgestellt werden konnte. Sollte es wirklich unmöglich sein, die Frage, ob jemand einen Mord oder einen Diebstahl begangen habe, in einem allgemein verständlichen Deutsch abzufassen?

Auch die Rechtsbelehrung verlangt vom Vorsitzenden nicht mehr, als er bei genügender Befähigung zu leisten vermag. Die Kommission scheint ganz übersehen zu haben, daß die Mitwirkung von Nichtjuristen an der Rechtsprechung sich doch nicht bloß in der Strafrechtspflege findet, und daß die Rechtsbegriffe des Verwaltungsrechts oder des Handelsrechts auch nicht wesentlich leichter zu erfassen sind als die des Strafrechts. Freilich setzt die Rechtsbelehrung im schwurgerichtlichen Verfahren nicht nur volle Beherrschung des Rechtsstoffes, sondern auch die Gabe volkstümlicher Darstellung voraus; beide Eigenschaften darf man aber wohl, ohne unbillig zu sein, von den Männern voraussetzen, die zu diesem wichtigen Amt berufen werden. Wer sie als Schwurgerichtsvorsitzender nicht besitzt, taugt eben nicht auf diesen Posten.

Und auch in dieser Beziehung würde sich ja die ganze Hauptverhandlung anders gestalten, sobald das Anklageprinzip ernstlich durchgeführt wird; sobald also vor Eintritt in die Beweisaufnahme die von der Anklage behaupteten Tatsachen und ihre rechtliche Bedeutung den Geschworenen klargemacht werden. Worin das den Mord vom Totschlag unterscheidende Merkmal der Überlegung besteht, und aus welchen Tatsachen die Anklage das Vorliegen dieses Merkmals ableitet, das müssen die Geschworenen wissen, ehe die Beweisaufnahme beginnt. Dann werden sie ihr auch mit Verständnis folgen.

Die beiden Brücken, die schon das geltende Recht zwischen der Richterbank und der Geschworenenbank geschlagen hat, lassen sich also ausbauen; das kann gar nicht bestritten werden.

Daß ferner schon im Rahmen des gegenwärtigen Verfahrens, besonders bei der Entscheidung über den Umfang der Beweisaufnahme, eine organische Mitwirkung der Geschworenen sich durchführen ließe, hat selbst die Kommission zugeben müssen (I 392). Aber auch eine erweiterte Teilnahme der Geschworenen an der Strafzumessung läßt sich ohne große Schwierigkeit durchführen.

Es bleibt die getrennte Beratung und Abstimmung der Geschworenen, die dem Einfluß der Richterbank völlig entrückt ist. Die starren Anhänger des Schwurgerichts sehen darin seinen besonderen Vorzug. Ich gehe nicht so weit. In der Leitung der Beratung wie der Abstimmung durch einen beamteten Richter würde ich eine Verbesserung des Verfahrens erblicken. Als solcher Leiter wäre mir auch der Schwurgerichtspräsident annehmbar, vorausgesetzt, daß die Hauptverhandlung ihrer inquisitorischen Elemente entkleidet wird. Aber auch andere Vorschläge sind denkbar und sind gemacht worden. Die Kommission hat sie ohne Prüfung verworfen (I 395).

Und nun noch das letzte Bedenken: Der Wahrspruch der Geschworenen ist nicht mit Gründen versehen, entzieht sich also der Nachprüfung. Das ist ein Mangel. Aber auch er läßt sich beseitigen. Teilweise schon dadurch, daß gegen eine unrichtige Rechtsbelehrung des Vorsitzenden die Revision gestattet wird, soweit nicht etwa feststeht, daß sie ohne Einfluß auf den Wahrspruch geblieben ist. Ferner dadurch, daß Tatumstände, deren Subsumtion unter das Gesetz zweifelhaft ist, in die Frage ausdrücklich aufgenommen werden. Das sind technische Fragen, die an dieser Stelle nicht weiter erörtert werden können, die aber von der Kommission erörtert werden mußten. Ich gehe aber noch weiter. Ich behaupte, daß die Geschworenen, selbst ohne juristische Leitung, sehr wohl imstande sein würden, ihren Wahrspruch zu begründen. Oder sollte wirklich nur der staatlich angestellte Jurist sich über die Gründe klar zu werden vermögen, die ihn zu einer Entscheidung bestimmt haben?

Für die Behauptung, daß die Mängel des schwurgerichtlichen Verfahrens mit seinem Wesen untrennbar verbunden seien, hat die Kommission den Nachweis nicht erbracht. Und dennoch ist sie zu einer Beseitigung des Schwurgerichts gelangt. Dieses Ergebnis ruht auf einer unzulänglichen Prüfung der technisch-juristischen Seite der Frage. Zugleich aber auf einer völligen Verkennung der politischen Lage.

Daß die süddeutschen Staaten das Schwurgericht, das sie besonders für Preßdelikte schätzen gelernt haben, sich nicht nehmen lassen werden, hätten wenigstens die politisch geschulten Mitglieder der Kommission vorhersehen müssen. Heute scheint es bereits festzustehen, daß an eine Beseitigung des Schwurgerichts nicht zu denken ist.

Damit aber fällt die ganze Arbeit der Kommission in sich zusammen. Denn diese ruht auf der folgerichtigen Durchführung der Schöffengerichtsverfassung und damit der Berufung. So gelangte die Kommission zu folgender Organisation der erst- und zweitinstanzlichen Gerichtsbarkeit in Strafsachen:

1. Für Strafsachen unterster Ordnung wie bisher die kleinen Schöffengerichte beim Amtsgericht (1 Richter, 2 Schöffen); von diesen geht die Berufung wie bisher an das kleine Schöffenberufungsgericht beim Landgericht (1 Richter, 2 Schöffen).

2. Für Strafsachen mittlerer Ordnung an Stelle der Strafkammern die mittleren Schöffengerichte beim Landgericht (3 Richter, 4 Schöffen); von diesen geht die neueingeführte Berufung an die großen Schöffengerichte beim Landgericht (3 Richter, 6 Schöffen).

3. Für Strafsachen höchster Ordnung an Stelle der Schwurgerichte die großen Schöffengerichte (3 Richter, 6 Schöffen); von diesen geht die neueingeführte Berufung an die großen Schöffenberufungsgerichte (3 Richter, 8 Schöffen).

Bleiben die Schwurgerichte bestehen, so ändert sich nicht nur das ganze Bild, sondern neue Probleme treten hervor. In erster Linie die Frage nach einer verbessernden Umgestaltung des schwurgerichtlichen Verfahrens; also eine Frage, mit der die Kommission sich überhaupt nicht beschäftigt hat. Ferner gewinnt die Frage der Berufung und damit die Frage des Rechtsmittelsystems überhaupt eine ganz neue Bedeutung. Denn gegen die Urteile des Schwurgerichts will doch kein Mensch die Berufung verlangen. Wie aber, abgesehen von der Berufung, der Wahrspruch anfechtbar gemacht werden kann, hat die Kommission gar nicht untersucht. Und wenn nun auf der einen Seite das Schöffengericht, auf der anderen das Schwurgericht bleibt: was soll mit den Strafkammersachen geschehen? Wäre es nicht das einfachste, sie zwischen Schöffengericht und Schwurgericht aufzuteilen? Auch diese Frage hat die Kommission flüchtig gestreift, nirgends aber gründlich behandelt.

Der Liebe Mühe war umsonst. Brauchbare Vorarbeit für die Umgestaltung der Gerichtsverfassung in Strafsachen hat die Kommission nicht geliefert. Schon aus diesem Grunde müssen ihre Vorschläge abgelehnt werden.

III.

Die Berufung und die Wiederaufnahme des Verfahrens.

Das Verlangen nach „Einführung der Berufung“ bildet den Ausgangspunkt für die gesamte Reformbewegung auf dem Gebiete des Strafverfahrens. Die Kommission ist dieser volkstümlichen Strömung scheinbar in liberalster Weise entgegengekommen. Nach ihren Vorschlägen soll die Berufung zulässig sein gegen Urteile der kleinen, mittleren und großen Schöffengerichte, also gegen die sämtlichen Urteile der ersten Instanz. Einheitlicher Ausbau der Schöffengerichtsverfassung und allgemeine Zulassung der Berufung: das sind die beiden Kennzeichen des Strafprozesses, wie er sich nach Annahme der Kommissionsbeschlüsse gestalten würde.

In Wahrheit konnte der eigentliche Kern jener volkstümlichen Bewegung gar nicht schlimmer verkannt werden, als das von seiten der Kommission geschehen ist.

Dem Volk ist der Unterschied der verschiedenen Rechtsmittel völlig unbekannt. Wodurch sich die Berufung von der Revision, und wie sich diese beiden Rechtsmittel von der Wiederaufnahme des rechtskräftig erledigten Verfahrens unterscheiden, das wissen außer den Juristen nur wenige. Es war daher die Aufgabe der Kommission, sich den äußeren Anlaß und den eigentlichen Sinn jenes Verlangens nach „Einführung der Berufung“ klar zu machen.

Zunächst stand fest, daß die Berufung nur gegenüber den Urteilen der Strafkammern verlangt wurde. Darüber konnte ein Zweifel gar nicht aufkommen. Gegen die Urteile der Schöffengerichte haben wir die Berufung; und gegen die Urteile der Schwurgerichte ist sie von keinem Menschen gefordert worden. Es handelte sich also darum, klarzustellen, aus welchen Gründen die Berufung gegen die Strafkammerurteile und nur gegen sie verlangt wurde, und ob gerade die Berufung das geeignete Mittel war, das in weiteren Volkskreisen empfundene Bedürfnis zu befriedigen.

Auf einen einzigen Satz zurückgeführt, ging die allgemein erhobene

Klage dahin, daß der Angeklagte zumeist oder doch in zahlreichen Fällen erst aus der Hauptverhandlung und besonders aus der dem Urteil beigegebenen Begründung erfährt, welcher von den gegen ihn vorgebrachten Tatsachen das Gericht entscheidende Bedeutung beigelegt hat, und welchen Beweismitteln Glauben beigemessen worden ist. Der Verurteilte hat daher das berechtigte Verlangen, die zu seinen Gunsten sprechenden Tatsachen und Beweismittel in einer erneuten Verhandlung vorzubringen. Diesem Verlangen genügt das Rechtsmittel der Revision nicht, da dieses nur zu einer abermaligen Erörterung der Rechtsfrage auf Grund der endgültig feststehenden Tatsachen führt; jenem Verlangen soll vielmehr die Einführung der Berufung Genüge leisten, da diese, und nur sie, die abermalige Erörterung auch der Tatfrage gewährleistet.

In diesem letzten Satz steckt der Fehlschluß.

Vor allem möchte ich darauf hinweisen, daß mit der Zweiteilung der erstinstanzlichen Strafgerichtsbarkeit, wie ich sie in meinem letzten Artikel berührt habe, das Bedürfnis nach erweiterter Zulassung der Berufung einfach hinwegfällt. Haben wir nur die kleinen Schöffengerichte und die Schwurgerichte, so braucht an dem bisherigen Zustand nichts weiter geändert zu werden. Den Schöffengerichten gegenüber bleibt die Berufung bestehen, wie sie bisher bestanden hat; nur daß mit der erweiterten Zuständigkeit der Schöffengerichte auch die Berufung in weiterem Umfang zulässig wird. Dem Schwurgericht gegenüber aber, ich wiederhole es, wird sie von niemand verlangt. Mit der Beseitigung der Strafkammern als erstinstanzlicher Gerichte und mit der Aufteilung ihrer Zuständigkeit unter Schöffengericht und Schwurgericht wäre mithin auch die Frage nach der erweiterten Zulassung der Berufung endgültig erledigt gewesen. Es ist daher sehr bedauerlich, daß der in der Kommission gestellte Antrag (I 402, II 11), die bisherige Dreiteilung der Strafgerichte erster Instanz durch eine Zweiteilung zu ersetzen, bei der übergroßen Mehrheit der Kommissionsmitglieder keinen Anklang gefunden hat.

Da nun aber die Kommission bedauerlicherweise für die Beibehaltung der Dreiteilung sich entschieden hatte, mußte die Frage weiter dahin gestellt werden: Ist die Berufung das richtige Mittel, um dem Angeklagten die Möglichkeit einer zweckentsprechenden Verteidigung zu sichern?

Die Antwort auf diese Frage kann nur verneinend ausfallen.

Ich gebe ohne weiteres zu, daß, in gar manchem Falle wenigstens, der Angeklagte „erst durch das ihn verurteilende Erkenntnis über die Bedeutung der gegen ihn erhobenen Beschuldigung und den Umfang des gegen ihn sprechenden Verdachts völlig aufgeklärt wird" (I 450). Und es ist ganz selbstverständlich, daß ein solcher Zustand dringend nach Abhilfe verlangt. Aber, so sollte man meinen, mit der Erkenntnis des Mangels ist der Weg zu seiner Beseitigung vorgezeichnet: es muß eben dafür Sorge getragen werden, daß der Angeklagte rechtzeitig über die ihn belastenden Tatsachen und über den Belastungsbeweis aufgeklärt werde. Rechtzeitig: d. h. vor dem Erkenntnis. Die wichtigste Aufgabe der Kommission bestand daher darin, das Verfahren bis zum Urteil, also Vorverfahren und Hauptverfahren der ersten Instanz, so zu gestalten, daß die Verteidigung des Beschuldigten über die Richtung und die Tragweite der erhobenen Anklage nicht im Zweifel sein kann. Die höchste Sorgfalt hätte also von der Kommission auf die Gestaltung des erstinstanzlichen Verfahrens gelegt werden müssen. In einem späteren Artikel werde ich zu zeigen haben, daß die Kommission das erstinstanzliche Verfahren nicht verbessert, sondern verschlechtert, daß sie die Verteidigung des Beschuldigten wesentlich ungünstiger gestaltet hat, als das nach dem geltenden Recht der Fall ist.

Statt dieser dringend notwendigen Verbesserung des erstinstanzlichen Verfahrens hat man die Berufung gewährt; ein nicht nur durchaus ungeeignetes, sondern auch für den Angeklagten höchst gefährliches Werkzeug.

Die Berufung ist nicht geeignet, die Feststellung des wahren Sachverhalts zu sichern. Das hat die Minderheit der Kommission auch klar erkannt und unumwunden ausgesprochen (I 444). In einem Verfahren, das auf dem Grundsatz der mündlichen Verhandlung und der unmittelbaren Beweisaufnahme aufgebaut ist, bedeutet die abermalige Verhandlung vor dem höheren Richter eine Verschlechterung der Verteidigungsgrundlage. Werden die Zeugen noch einmal mündlich vernommen, so liegt die Gefahr von Gedächtnislücken und Erinnerungsfälschungen erfahrungsgemäß in den weitaus meisten Fällen vor; wird aber die Aussage der schon in der ersten Verhandlung vernommenen Zeugen verlesen, so tritt an die Stelle des lebendigen Wortes der tote Buchstabe, an die Stelle des Zeugen der Gerichtsschreiber, der das Protokoll aufgenommen hat.

In dieser naheliegenden Erwägung liegt der Grund, weshalb die Berufung, die sich allerdings etwa seit dem Beginn des 19. Jahrhunderts im schriftlichen Inquisitionsprozeß ausgebildet hatte, in dem modernen Strafverfahren ausgeschaltet oder nur in gewissen Fällen zugelassen worden ist. Die Mehrheit der Kommission hat allerdings davon gesprochen (I 452), daß „einer seit Jahrhunderten bestehenden gemeinen Rechtsüberzeugung des Volkes durch Zulassung der Berufung Rechnung getragen" werden solle; aber diese denkwürdige Behauptung steht zu der Geschichte des Strafverfahrens bei uns und im Ausland im schreienden Widerspruch.

Es kommt eine weitere Schwierigkeit hinzu. Der Begriff der Berufung schließt in sich, daß die Sache vor den höheren Richter gezogen wird. Damit ist die Gefahr, daß an Stelle des mündlichen ein mehr oder weniger schriftliches Verfahren tritt, ganz wesentlich gesteigert. Den Strafkammern gegenüber — und dasselbe gilt von den an ihre Stelle tretenden mittleren Schöffengerichten — ist das Oberlandesgericht das höhere Gericht. Der Sprengel unserer Oberlandesgerichte ist aber durchschnittlich viel zu umfangreich, um, ohne die größten Kosten und die schlimmsten Störungen des Berufslebens, Zeugen und Sachverständige an die Gerichtsstelle kommen zu lassen und dort vielleicht tagelang festzuhalten; die Berufungsgerichte würden sich daher gezwungen sehen, sich, soweit als irgend möglich, mit der Verlesung der in erster Instanz aufgenommenen Protokolle zu begnügen. Ein solches Verfahren aber wäre das Zerrbild einer mündlichen Verhandlung und völlig ungeeignet, die Interessen des Angeklagten zu schützen.

Die Kommission, die in erster Lesung (I 458) mit 16 gegen 4 Stimmen, in zweiter Lesung (II 4) mit 17 gegen 3 Stimmen die Ausdehnung der Berufung beschlossen hatte, hat denn auch den Mut nicht gehabt, die Berufungsverhandlung dem Oberlandesgericht zu überweisen. Sie ist so zu dem Vorschlag gelangt, die sämtlichen Berufungsgerichte (also gegenüber den erstinstanzlichen Urteilen nicht nur der kleinen, sondern auch der mittleren und großen Schöffengerichte) beim Landgericht zu bilden. Gegen das mittlere Schöffengericht beim Landgericht soll, wie wir gesehen haben, die Berufung gehen an das große Schöffengericht beim Landgericht, gegen die erstinstanzlichen Urteile dieses großen Schöffengerichts an das ebenfalls beim Landgericht gebildete große Schöffenberufungsgericht. Zwei Schöffen mehr: das soll der ganze Unterschied zwischen dem „höheren" und dem „niederen" Gericht sein. Im übrigen kommt die Sache über das Landgericht nicht hinaus, bei dem sie in erster Instanz abgeurteilt worden ist.

Dieser Vorschlag ist nicht neu; er hat auch einen berechtigten Kern, auf den ich gleich zurückkommen werde; aber mit dem Namen der Berufung kann man ein solches Rechtsmittel nicht bezeichnen, will man nicht alle überlieferten Begriffe auf den Kopf stellen. Aber freilich — Anknüpfung an das geschichtlich Gewordene stand nicht im Arbeitsplan der Kommission.

Die Berufung, wie sie die Kommission vorgeschlagen hat, ist aber nicht nur ungeeignet, die Interessen des Angeklagten zu sichern; sie bedeutet für diesen direkt eine wesentliche Verschlechterung seiner Rechtsstellung. Man hat die Berufung zugunsten des Angeklagten verlangt, da dieser erst durch das Urteil darüber klar wird, was gegen ihn vorliegt: die Kommission aber gewährt die Berufung auch dem Staatsanwalt, obwohl dieser von allem Anfang an über sein Beweismaterial im klaren ist und jederzeit die Kriminalpolizei zu seiner Verfügung hat. Bisher hatten die freisprechenden Urteile der Strafkammern die Wirkung, daß die Entscheidung nur mehr aus Rechtsgründen mit der Revision vom Staatsanwalt angefochten werden konnte; nach den Vorschlägen der Kommission hat nunmehr der Staatsanwalt das Recht, die abermalige Verhandlung auch der Tatfrage vor dem Berufungsgericht zu verlangen. So haben sich die Parlamentarier, die für die Ausdehnung der Berufung eingetreten sind, das Ziel ihrer Bestrebungen wohl nicht gedacht.

Die Kommission hat sich aber damit nicht begnügt. Sie fürchtet die Einlegung „frivoler Berufungen", natürlich nur von seiten des Angeklagten. Sie läßt daher die „Anschlußberufung" zu. Die Bedeutung dieses Vorschlages dürfte freilich dem Nichtjuristen nicht ohne weiteres klar sein. Nach dem bisherigen Verfahren, das die Berufung gegen schöffengerichtliche Urteile bekanntlich zuläßt, besteht das sogenannte „Verbot der reformatio in pejus"; d. h. wenn die Berufung nur von dem Angeklagten oder zu seinen Gunsten von einer andern Person eingelegt wird, darf das neue Urteil eine härtere Strafe als die in dem ersten erkannte nicht verhängen. Wenn z. B. der zu einem Monat Gefängnis verurteilte Angeklagte die Berufung gegen das Strafmaß einlegt, während die Staatsanwaltschaft auf die Einlegung verzichtet, kann im schlimmsten Fall die von dem ersten Richter erkannte Strafe bestätigt werden; ausgeschlossen ist es, daß von dem Berufungsgericht statt des einen Monats Gefängnis auf etwa drei Monate erkannt wird. Das soll nun anders werden. Die Kommission erklärt (I 477), „das Verbot der reformatio in pejus habe sich in der Rechtsauffassung des Volkes seit langer Zeit so befestigt, daß seine gänzliche Beseitigung nicht angängig sei. Dagegen lasse sich eine Abschwächung dieses Verbotes . . . . wohl durchführen, zumal sie im Interesse einer gedeihlichen Gestaltung des Berufungsverfahrens selbst dringend geboten erscheine". Diese „Abschwächung" soll die Anschlußberufung bringen. Wenn der Angeklagte Berufung einlegt, so soll, nach den Vorschlägen der Kommission, künftighin die Staatsanwaltschaft, selbst wenn die Frist zur Einlegung für sie bereits verstrichen ist, auch ihrerseits zur Einlegung der Berufung berechtigt sein; und dann kann natürlich das Urteil der ersten Instanz auch zum Nachteil des Angeklagten von dem Berufungsrichter abgeändert werden. Damit ist das Verbot der reformatio in pejus in Wahrheit nicht „abgeschwächt", sondern aufgehoben.

Und noch ein Umstand muß hervorgehoben werden. Bisher hatte der Angeklagte das Recht, zu verlangen, daß alle von ihm ordnungsgemäß geladenen Zeugen und Sachverständigen von dem erkennenden Gericht auch vernommen werden. Dieses wichtige Recht, auf das ich im nächsten Artikel zurückkommen werde, wird dem Angeklagten nach den Vorschlägen der Kommission nicht nur für die erste, sondern auch für die Berufungsinstanz entzogen.

Andere Punkte übergehe ich an dieser Stelle. Das Angeführte dürfte ausreichen, um zu zeigen, daß die von der Kommission vorgeschlagene Berufung nicht etwa die Verteidigung des Angeklagten sichert, sondern die Stellung des Staatsanwalts ganz erheblich verstärkt. Die Freunde der Berufung werden gut tun, sich das klar zu machen, ehe es zu spät ist.

Um den Gedanken, der dem Verlangen nach erweiterter Zulassung der Berufung zugrunde liegt, durchzuführen, bietet sich — ganz abgesehen von der Ausgestaltung des erstinstanzlichen Verfahrens — ein anderes, naheliegendes, die Interessen des Angeklagten in keiner Weise gefährdendes Mittel: der Ausbau der in unserem geltenden Recht nur kümmerlich entwickelten W i e d e r a u f n a h m e d e s rechtskräftig erledigten V e r f a h r e n s. Zweckentsprechend ausgebaut, würde sie völlig ausreichen, um dem Angeklagten selbst dem unanfechtbar gewordenen erstinstanzlichen Urteil gegenüber die Geltendmachung seines gesamten Verteidigungsmaterials zu sichern.

Wie die Kommission hervorhebt (I 463), verlangt das Volk die Berufung „lediglich aus dem Grunde, weil es eine wiederholte Prüfung der Sache durch einen andern, besser informierten Richter für geboten erachte". Die Möglichkeit solle offen gelassen werden, daß durch neue Tatsachen und neue Beweismittel, d. h. durch solche, die in der Instanz noch nicht vorgebracht worden sind, eine bessere Information des Richters und damit eine dem Angeklagten günstige Entscheidung herbeigeführt werde. Diesem Bedürfnis entspricht die Wiederaufnahme des Verfahrens völlig; freilich unter der Voraussetzung einer erweiternden Umgestaltung. Sie hat zugleich den großen Vorzug vor der Berufung, daß sie in der gleichen Weise wie gegen andere Urteile, auch gegen die Urteile der Schwurgerichte möglich, und daß sie nicht an eine kurzbemessene Frist gebunden ist. Von einem ganz ähnlichen Gedanken ist das Mitglied der Kommission ausgegangen, das an Stelle der Berufung das „Rechtsmittel der Wiederholung" in Vorschlag gebracht hat (I 454). Der Antrag, der sehr sorgfältig ausgearbeitet und schriftlich begründet war, fand in der Kommission allseitigen Widerspruch und wurde vom Antragsteller zurückgezogen. Sein schwacher Punkt lag darin, daß er die kurze Frist von einer Woche zur Einlegung des Rechtsmittels beibehielt. Aber dieser Fehler hätte leicht verbessert werden können.

Die Kommission hat die Zulassung der Berufung dazu benutzt, um die Wiederaufnahme des Verfahrens nicht etwa auszubauen, sondern in der bedenklichsten Weise einzuschränken.

Diese Einschränkung betrifft den praktisch wichtigsten Fall: das Vorbringen neuer Tatsachen und Beweismittel. Dieser Ausdruck kann in einem doppelten Sinn genommen werden. Neue Tatsachen und Beweismittel sind entweder solche, die in der früheren Verhandlung nicht vorgebracht worden sind, ohne Rücksicht darauf, ob sie der Angeklagte gekannt hat oder nicht; oder aber solche, die der Angeklagte nicht gekannt hat oder ohne Verschulden nicht geltend machen konnte. Nach unserm heutigen Recht findet der engere Begriff nur auf die vor den (kleinen) Schöffengerichten verhandelten Sachen Anwendung; in allen übrigen Fällen kann auf bisher nicht vorgebrachte Tatsachen und Beweismittel ohne weiteres das Begehren um Wiederaufnahme des Verfahrens gestützt werden. Die Kommission hat die Einschränkung auf Strafsachen aller Ordnung ausgedehnt. Das Begehren um Wiederaufnahme muß also künftig zurückgewiesen werden, wenn nicht feststeht, daß die in dem Begehren vorgebrachten Tatsachen und Beweismittel dem Angeklagten nicht bekannt waren oder ohne sein Verschulden nicht geltend gemacht werden konnten.

Auch hier aber hat die Kommission es für nötig gehalten, noch eine weitere Einschränkung hinzuzufügen. Bisher konnte die Wiederaufnahme begehrt werden, wenn die neuen Tatsachen oder Beweismittel für sich allein oder in Verbindung mit den früher erhobenen Beweisen die Freisprechung des Angeklagten oder in Anwendung eines milderen Strafgesetzes eine geringere Bestrafung zu begründen geeignet sind. Nach den Vorschlägen der Kommission wird die Wiederaufnahme nur gewährt, wenn jene Tatsachen oder Beweismittel die Unschuld des Verurteilten, sei es bezüglich der ihm zur Last gelegten Tat überhaupt, sei es bezüglich eines die Anwendung eines härteren Strafgesetzes begründenden Umstandes ergeben oder doch dartun, daß ein begründeter Verdacht gegen ihn nicht mehr vorliegt. Damit ist jene gefährliche Unterscheidung zwischen Nichtschuld und Unschuld, die bereits in den beiden Gesetzen betreffend die Entschädigung unschuldig verurteilter oder verhafteter Personen sowie in der Militärgerichtsordnung sich findet, in das bürgerliche Strafverfahren allgemein eingeführt. Daß sie in zahlreichen Fällen, in denen bisher das Wiederaufnahmebegehren Erfolg hatte, dessen Ablehnung zur Folge haben muß, bedarf keines weiteren Nachweises.

Also nicht ausgebaut und erweitert, sondern wesentlich eingeschränkt ist der Rechtsbehelf der Wiederaufnahme des Verfahrens aus den Beratungen der Kommission hervorgegangen; freilich nur soweit es sich um Wiederaufnahme zugunsten des Verurteilten handelt.

Zum Schutz des Angeklagten gegen ungerechtfertigte Verurteilung durch die Strafkammern hat man die Ausdehnung der Berufung verlangt. Durch die von der Kommission gemachten Vorschläge wird die Verteidigung des Beschuldigten nicht gesichert, sondern gefährdet. Auch nach dieser Richtung ist die Kommission der ihr gestellten Aufgabe nicht gerecht geworden.

IV.

Das ordentliche Verfahren in der ersten Instanz.

Der tiefere, von der Kommission freilich nicht erkannte Grund für das Verlangen nach erweiterter Zulassung der Berufung liegt, wie ich bereits wiederholt angedeutet habe, in den Mängeln des erstinstanzlichen Verfahrens. Man verlangt die Berufung gegen die Urteile der Strafkammern, weil der Angeklagte vielfach erst durch das Urteil erfährt, was eigentlich gegen ihn vorliegt, seine Verteidigung also erst von diesem Augenblick ab gegen die springenden Punkte der Anklage zu richten vermag. Damit ist der Weg gewiesen, den jede befriedigende Reform des Strafverfahrens gehen muß.

Dieser Weg läßt sich aber noch viel genauer bezeichnen. Unsere Hauptverhandlung, wie der Gesetzgeber sie gedacht und gewollt hat, entspricht im großen und ganzen allen billigen Anforderungen.

Hier sind die großen Grundsätze des modernen Verfahrens, die freie Verhandlung zwischen den Parteien, die Öffentlichkeit, die Mündlichkeit im wesentlichen durchgeführt; auch die Unmittelbarkeit der Beweisaufnahme, vielleicht das wichtigste unter allen Prozeßprinzipien, ist anerkannt und durch eine Reihe von gesetzlichen Bestimmungen gesichert. Aber die Hauptverhandlung krankt, ganz abgesehen von der fehlerhaften Anwendung des Gesetzes durch unsere überbürdeten Strafgerichte, unter den Nachwirkungen eines völlig verkehrten Vorverfahrens. Die gerichtliche Voruntersuchung, die in mittleren Strafsachen eintreten kann, in schwereren eintreten muß, trägt auch heute noch alle die eigenartigen Züge des geheimen, schriftlichen Inquisitionsprozesses; und der Beschluß, durch den das Hauptverfahren eröffnet wird, ruht ausschließlich auf den Akten des Vorverfahrens, die regelmäßig nur einer der beschließenden Richter gelesen hat.

Umgestaltung des Vorverfahrens: das mußte mithin der Richtpunkt für alle Arbeiten der Kommission sein.

So hat auch die deutsche Landesgruppe der Internationalen Kriminalistischen Vereinigung seit 1898 die Aufgabe aufgefaßt. Ich darf hierfür wohl auf die ausgezeichneten Vorarbeiten verweisen, die Staatsanwalt Rosenberg, Professor W. Mittermaier, besonders aber Rechtsanwalt Heinemann für unsere Stuttgarter Tagung von 1904 geliefert haben. Und in der Kommission selbst war man (I 157) „übereinstimmend der Ansicht, daß die gegenwärtige Gestaltung des Vorverfahrens dem Beschuldigten keine genügende Gelegenheit gebe, den Umfang der Beschuldigung und der gegen ihn erbrachten Beweise so rechtzeitig und vollständig kennen zu lernen, daß er seine Verteidigung sachgemäß einrichten könne“.

Aber auch hier hat die Mehrheit der Kommission sich von rückständigen Anschauungen nicht frei zu machen vermocht. Sie hat sich trotz der von der Minderheit vorgebrachten Gründe nicht dazu entschließen können, die gerichtliche Voruntersuchung aufzugeben; „nicht eine grundsätzliche Änderung, sondern eine Verbesserung des zurzeit bestehenden Verfahrens“ (II 69) stellen uns die von ihr gefaßten und in der zweiten Lesung im wesentlichen aufrechterhaltenen Beschlüsse dar. Daß die vorgeschlagenen Veränderungen zum größeren Teil wirkliche Verbesserungen enthalten, sei ohne weiteres anerkannt; da sie aber den Grundfehler des heutigen Verfahrens unberührt lassen, würde ihre Durchführung an den bestehenden, von allen Seiten als unerträglich bezeichneten Zuständen nichts Wesentliches ändern.

Der Grundfehler des heutigen Vorverfahrens liegt darin, daß es in der gerichtlichen Voruntersuchung alle die markanten Züge des alten Inquisitionsprozesses treu bewahrt hat. Die lebendige Verkörperung des für unsere Hauptverhandlung längst als unhaltbar erkannten Inquisitionsprozesses bildet der Untersuchungsrichter. Er führt die Voruntersuchung nach seinem Plane und seinem Ermessen; Staatsanwalt und Beschuldigter haben nur das Recht, Anträge zu stellen. Er vereinigt in seiner Person die Funktionen des Anklägers, des Angeklagten und des Richters; er hat das Belastungs- wie das Entlastungsmaterial zu sammeln und die Ergebnisse seiner eigenen Tätigkeit unparteiisch zu prüfen. Und dabei geht es ihm notwendig wie dem alten Inquirenten: er kann keiner der einander widersprechenden Aufgaben wirklich gerecht werden. Die Verfolgung kommt ebenso zu kurz wie die Verteidigung; und die unbefangene Kritik der eigenen Tätigkeit übersteigt erst recht die menschliche Kraft. Alle die Gründe, die vor mehr als einem halben

Jahrhundert für die Beseitigung des Inquisitionsprozesses überhaupt ausschlaggebend waren, sprechen gegen seine Beibehaltung im heutigen Vorverfahren. Und was die Mehrheit der Kommission zugunsten des Untersuchungsrichters beigebracht hat, das sind die alten und veralteten Redensarten, die die Praktiker aus der ersten Hälfte des 19. Jahrhunderts gegen das reformierte Strafverfahren ins Feld zu führen pflegten.

Die Reform, die in Preußen mit dem Jahre 1846 einsetzte und an den Namen v. Savignys geknüpft ist, ruht auf dem Gedanken des Parteiprozesses: die Rolle der Anklage, der Verteidigung, des Richtens dürfen nicht in der Hand derselben Person vereinigt werden, soll jede von ihnen zur vollen Entfaltung kommen und so die Wahrheit ans Tageslicht gebracht werden. Die Durchführung dieses Gedankens auch für das Vorverfahren bietet keine unüberwindlichen Schwierigkeiten. Den besten Beweis für diese Behauptung bildet das staatsanwaltschaftliche Ermittlungsverfahren, das schon heute in der großen Mehrzahl der Fälle, ohne gerichtliche Voruntersuchung, die ausreichende Grundlage für die Hauptverhandlung liefert.

Der erste und weitaus wichtigste Zweck des Vorverfahrens bleibt die Vorbereitung für die Entscheidung des Staatsanwalts, ob die öffentliche Klage gegen eine bestimmte Person wegen einer bestimmten Tat erhoben werden soll oder nicht. Daraus folgt, daß die Sammlung und Sichtung des gesamten Materials in die Hand des Staatsanwalts gelegt werden muß, daß er, und nicht ein von ihm unabhängiger Richter, das gesamte Vorverfahren zu leiten hat. Der Staatsanwalt hat also, wenn dieser einfache Grundgedanke durchgeführt wird, den Beschuldigten wie die Zeugen und Sachverständigen selbst zu befragen, den Augenschein persönlich einzunehmen und sich so sein eigenes selbständiges Urteil über den Sachverhalt zu bilden. Für das staatsanwaltschaftliche Ermittlungsverfahren hat auch die Kommission es ausdrücklich hervorgehoben (I 154, 163, II 73), daß die preußische Praxis nicht zu billigen sei, nach welcher die Sammlung des Beweismaterials durch den Staatsanwalt selbst die Ausnahme bildet und ganz regelmäßig die Polizei oder das Amtsgericht mit den Ermittelungen betraut wird. Genau dasselbe muß aber auch für die Fälle der jetzigen Voruntersuchung gelten. Freilich muß dann dem Staatsanwalt das Recht eingeräumt werden, den Beschuldigten, die Zeugen und Sachverständigen vorzuladen und gegebenenfalls ihre Vorführung zu verfügen. Aber diese Erweiterung der staatsanwaltschaftlichen Befugnisse wird wohl nicht auf Bedenken stoßen.

Neben dieser grundlegenden Tätigkeit des Staatsanwalts wird die Mitwirkung des Richters in gewissen Fällen nicht entbehrt werden können. Einmal überall dort, wo der Verlust eines Beweismittels zu besorgen steht, also z. B. bei Leichenschau und Leichenöffnung oder bei der Vernehmung eines todkranken Zeugen. Ferner, wenn die Beeidigung eines Zeugen zur Herbeiführung einer wahrheitsgetreuen Aussage notwendig erscheint. Aber auch in diesen Fällen ist der Untersuchungsrichter ebenso überflüssig, wie er es heute ist, wenn dieselben Beweisaufnahmen im Laufe des staatsanwaltschaftlichen Ermittlungsverfahrens, also außerhalb einer gerichtlichen Voruntersuchung, notwendig werden.

Auch die Besorgnis, daß bei einer solchen Gestaltung des Vorverfahrens die Verteidigung des Beschuldigten gefährdet werden könnte, ist hinfällig. Bei der ersten Vernehmung durch den Staatsanwalt wird, wie das jetzt nach § 136 bei der gerichtlichen Vernehmung geschehen muß, dem Beschuldigten zu eröffnen sein, welche strafbare Handlung ihm zur Last gelegt wird; wird er befragt werden müssen, ob er etwas auf die Beschuldigung erwidern wolle; wird ihm Gelegenheit zu geben sein, die gegen ihn vorliegenden Verdachtsgründe zu beseitigen und die zu seinen Gunsten sprechenden Tatsachen geltend zu machen. Bei den ausnahmsweise vorkommenden (eben erwähnten) gerichtlichen Beweiserhebungen ist ihm, wie bisher, das Recht der Anwesenheit und Mitwirkung zu sichern. Wird die Untersuchungshaft eingeschränkt und jedem Verhafteten auf sein Verlangen ein Verteidiger bestellt, so ist in diesem staatsanwaltschaftlichen Vorverfahren ungleich besser als bisher für die Wahrnehmung der Interessen des Beschuldigten Sorge getragen. Vor allem aber muß das Gesetz ausdrücklich aussprechen, daß auch der Verteidiger, ganz ebenso wie der Staatsanwalt, die ihm notwendig erscheinenden Ermittlungen selbst vornehmen oder durch andere vornehmen lassen darf; daß es zu seinen Obliegenheiten gehört, durch Vernehmung des Beschuldigten, durch Befragen von Zeugen und Sachverständigen, durch Augenscheineinnahme über das Gewicht der für und gegen die Beschuldigung sprechenden Gründe sich zu unterrichten. Es wird sich auch empfehlen, in dieses umgestaltete Vorverfahren den von der Kommission (I 169, II 80) gemachten Vorschlag aufzunehmen, daß der Staatsanwalt, ehe er die öffentliche Klage erhebt, dem Beschuldigten die Gesamtheit der gegen ihn gesammelten Beweise zur Erklärung mitzuteilen verpflichtet ist.

Im Gegensatz zur Kommission und im Anschluß an die von v. Kries, Rosenfeld, Heinemann, W. Mittermaier, Aschrott, Rosenberg, Zucker und vielen anderen gemachten Vorschläge empfehle ich mithin die vollständige Beseitigung der gerichtlichen Voruntersuchung, die Ausdehnung des jetzt schon in der Mehrzahl der Fälle eingeführten rein staatsanwaltschaftlichen Ermittlungsverfahrens auf sämtliche Strafsachen ohne Rücksicht auf ihre Schwere.

Nach Abschluß des Vorverfahrens hat der Staatsanwalt sich darüber schlüssig zu machen, ob er die öffentliche Klage erheben will oder nicht. Erhebt er die öffentliche Klage, so muß es nach dem Grundgedanken des Parteiprozesses, ganz so wie vor dem Zivilrichter, zur Hauptverhandlung kommen, ohne daß es eines gerichtlichen Beschlusses über die Eröffnung des Hauptverfahrens bedarf. Daß diesem Grundsatz gegenüber Ausnahmen zulässig und wünschenswert sind, wird sofort besprochen werden.

Unser geltendes Recht steht bekanntlich auf einem andern Standpunkt. Es verlangt in allen Fällen einen gerichtlichen Beschluß darüber, ob der Angeschuldigte „hinreichend verdächtig" sei. Gegen den Willen des Staatsanwalts kann das Gericht die Eröffnung ablehnen oder beschließen. Für die Einfügung dieses „Zwischenverfahrens" war dem Gesetzgeber die Erwägung maßgebend, daß der Staatsbürger gegen die Erhebung nicht genügend begründeter Anklagen geschützt werden solle. Heute herrscht allgemeine Übereinstimmung darüber, daß durch die Notwendigkeit des Eröffnungsbeschlusses die Interessen des Angeschuldigten nicht gewahrt, sondern umgekehrt gefährdet werden. Das Beschlußgericht soll auf Grund der mehr oder weniger dürftigen Akten, ohne den Angeschuldigten zu sehen oder die Zeugen zu hören, über das Gewicht der gegen ihn sprechenden Verdachtsgründe sich ein Urteil bilden. Das ist eine Aufgabe, deren Lösung selbst dann unmöglich sein würde, wenn diese Akten den sämtlichen Mitgliedern des Beschlußgerichts auch wirklich bekannt wären. Aber das ist nicht einmal der Fall. „In der Praxis", sagen die Protokolle (I 182), „findet eine eingehende Prüfung des Akteninhalts seitens des beschließenden Gerichts . . . . . nur in den wenigsten Fällen statt. Vielfach wird die Beschlußfassung ohne mündlichen Vortrag mechanisch erledigt, nachdem der Vorsitzende und der Referent in die Akten Einsicht genommen haben. Aus einzelnen Bezirken wurde berichtet, daß sogar nur der Vorsitzende alle Sachen prüfe, und daß lediglich, wenn er Bedenken habe, sich noch ein weiteres Mitglied der Kammer einer näheren Prüfung der Sachlage unterziehe". Daß ein solcher Beschluß wertlos ist, bedarf keiner weiteren Ausführung. Dennoch fällt er, gerade wenn Laien an der Urteilsfällung mitwirken, in der Hauptverhandlung gegen den Angeklagten schwer ins Gewicht. Wer vor das Schwurgericht gestellt wird, den haben drei Richter für „hinreichend verdächtig" erklärt, die ihm zur Last gelegte Tat begangen zu haben. Er tritt nicht mehr als unbescholtener Mann vor seine Richter; die Beweislast hat sich zu seinen Ungunsten verschoben: er muß den Verdacht entkräften, der durch richterliche Entscheidung gegen ihn festgestellt ist.

Diesen Erwägungen hat auch die Kommission sich nicht verschließen können. Mit lebhafter Freude ist es zu begrüßen, daß sie den gerichtlichen Eröffnungsbeschluß beseitigt hat. Aber auch ihre positiven Vorschläge verdienen grundsätzliche Anerkennung, wenn sie auch einer wesentlichen Verbesserung fähig sind. Nach den Vorschlägen der Kommission gestaltet sich das Zwischenverfahren in folgender Weise (I 182, II 68, 97): In den vor das kleine Schöffengericht gehörenden Sachen wird nach Überreichung der Anklageschrift vom Amtsrichter ohne weiteres Termin zur Hauptverhandlung anberaumt, wenn er rechtliche Bedenken nicht hat und den Angeschuldigten für ausreichend verdächtig hält. Bei den mittleren und großen Schöffengerichten sowie dem Reichsgericht wird dem Angeschuldigten und, falls er in Haft ist, auch dem Verteidiger die Anklageschrift unter Bestimmung einer Frist und unter Hinweis auf das Recht zur Erhebung etwaiger Einwendungen zugestellt. Macht der Angeschuldigte Einwendungen geltend, so entscheidet darüber das Gericht in einer nichtöffentlichen Sitzung, in der die Parteien Ausführungen machen und Anträge stellen und vom Gericht an den Angeschuldigten Fragen gestellt werden können. Ergibt sich in diesem Termin, daß der Angeschuldigte dringend verdächtig ist, so ergeht der Beschluß nur dahin, daß die Hauptverhandlung stattzufinden hat, ohne daß dabei über das Maß des Verdachts ein Ausspruch erfolgt.

Der Grundgedanke dieser Vorschläge muß meines Erachtens unbedingt festgehalten werden: Eröffnungsbeschluß nur unter gewissen

Voraussetzungen und immer nur auf Grund einer kontradiktorischen Verhandlung.

Gerade wenn diese Vorverhandlung vor dem Gericht unter Mitwirkung der Parteien weiter ausgebildet wird, dürften die gegen die Beseitigung der gerichtlichen Voruntersuchung geltend gemachten Bedenken ganz wesentlich an Bedeutung verlieren. Nach den Vorschlägen der Kommission kann das Gericht in diesem Vortermin (abgesehen von dem Beschluß auf Führung oder Ergänzung der Voruntersuchung) die Vornahme einzelner Beweiserhebungen beschließen und die einzelnen Beweiserhebungen auch selbst vornehmen. Wird von dieser Befugnis entsprechender Gebrauch gemacht, so reicht sie völlig aus, um die Interessen des Angeschuldigten zu wahren, ihn vor einer unnötigen Hauptverhandlung zu behüten und die Einstellung des Verfahrens herbeizuführen.

Bedenklich ist es dagegen, daß die Anordnung des Vortermins ausschließlich von dem Antrag des Angeschuldigten abhängig gemacht wird, Erfahrungen, die man in Österreich mit einer ganz ähnlichen Gestaltung des Zwischenverfahrens gemacht hat, hätten vor dieser Regelung warnen sollen. Die vom Angeklagten, dem die Freisprechung nach durchgeführter Hauptverhandlung ungleich wertvoller sein muß als die Einstellung des Verfahrens, gegen die Anklageschrift geltend gemachten Einwendungen können völlig unbegründet sein und lediglich die Verschleppung des Verfahrens bezwecken; umgekehrt kann auch der Staatsanwalt ein begründetes Interesse daran haben, vor der Hauptverhandlung eine gerichtliche Entscheidung herbeizuführen. Es würde sich daher empfehlen, die Fälle, in welchen es zu dem Vortermin und damit zu einer Entscheidung über die Eröffnung des Hauptverfahrens kommen soll, sachlich zu umschreiben.

Und damit komme ich zu einem sehr beachtenswerten Vorschlag, den Kahl vor kurzem in der Berliner Juristischen Gesellschaft gemacht hat („Vossische Zeitung" vom 28. Januar 1906, zwölfte Beilage). Kahl will die Voruntersuchung in gewissem Umfang beibehalten; so bei verwickelten und zweifelhaften Fällen, bei Jugendlichen, bei dem Verdacht geistiger Minderwertigkeit, bei Gelegenheitsverbrechen, in allen Haftsachen: also überall, wo die erfolgreiche Durchführung der Hauptverhandlung von umfangreicher und schwieriger Beweiserhebung abhängig ist, oder die persönlichen Verhältnisse des Täters besondere

Berücksichtigung erheischen; und zwar ohne Unterschied, ob es sich um Verbrechen oder um Vergehen handelt.

Obwohl nach meinen Vorschlägen die gerichtliche Voruntersuchung völlig zu entfallen hat, glaube ich doch, dem von Kahl ausgesprochenen Gedanken auch im Rahmen eines rein staatsanwaltschaftlichen Vorverfahrens gerecht werden zu können. Dabei ist es mir gleichgültig, ob die von Kahl versuchte Abgrenzung der Fälle durchweg richtig und erschöpfend ist; nur auf den Grundgedanken kommt es mir an. Kahl will in gewissen Fällen die Hauptverhandlung gründlicher vorbereiten als dies durch das staatsanwaltschaftliche Ermittlungsverfahren geschehen kann: der kontradiktorische Vortermin bietet dazu die ausreichende Gelegenheit. Kahl will gewissen Angeschuldigten gegenüber die Möglichkeit offen halten, daß es ohne Hauptverhandlung zu einer Einstellung des Verfahrens kommt: der kontradiktorische Vortermin vermag auch die Erreichung dieses Zieles zu sichern.

Kräftige Ausgestaltung des Vortermins mit sachlicher Umschreibung der Fälle, in denen er stattzufinden hat: das ist das anzustrebende Ziel. Dann kann aber auch die gerichtliche Voruntersuchung fallen und mit ihr der letzte Rest des Inquisitionsprozesses.

Erst durch die Beseitigung der gerichtlichen Voruntersuchung wird auch die Hauptverhandlung der ihr heute noch, wenigstens in der Praxis, anhaftenden inquisitorischen Elemente entkleidet. Heute ruht das Urteil, wenn eine Voruntersuchung vorausgegangen ist, nicht auf der Beweisaufnahme in der Hauptverhandlung, sondern auf den vom Untersuchungsrichter aufgenommenen Protokollen. Diese hat der Vorsitzende genau durchgearbeitet; nach ihnen hat er den Plan für die Leitung der Verhandlung sich zurechtgelegt; auf ihnen beruht seine Überzeugung von der Schuld oder Unschuld des Angeklagten. Mit dem Protokoll des Untersuchungsrichters wird die in der Hauptverhandlung abgelegte Aussage des Angeklagten und der Zeugen verglichen; jede wirkliche oder scheinbare Abweichung wird sofort gerügt; und wenn alle andern Möglichkeiten versagen, so wird der Untersuchungsrichter als Zeuge darüber vernommen, was der Zeuge oder der Beschuldigte im Lauf der Voruntersuchung ausgesagt hat. Dieses stete Zurückgreifen auf die Protokolle, dieses Kleben an den Ergebnissen des Vorverfahrens ist der Krebsschaden unserer heutigen Hauptverhandlung. Am schlimmsten freilich tritt er hervor, wenn auch die von untergeordneten Organen der Polizei aufgenommenen Protokolle in der gleichen Weise verwendet werden. Diesem Mißstand gegenüber gibt es nur ein Mittel der Abhilfe: was an Protokollen im Laufe des Vorverfahrens zustande gekommen ist, darf dem erkennenden Gericht überhaupt nicht vorgelegt werden. Der Staatsanwalt behält seine Handakten ganz ebenso wie der Verteidiger; nur soweit der Richter während des Vorverfahrens tätig geworden ist, also bei antizipierten Beweisaufnahmen mit Einschluß eidlicher Vernehmungen, werden die von ihm aufgenommenen Protokolle in der Hauptverhandlung zur Verlesung gebracht. Im übrigen ist der Grundsatz der Unmittelbarkeit der Beweisaufnahme folgerichtig durchzuführen.

Man hat in der Kommission gegen den Ausschluß der Protokolle den Einwand erhoben, daß der Vorsitzende die Verhandlung nicht sachgemäß zu leiten vermöchte, wenn er nicht durch die Akten über die Aussage der Zeugen und das Ergebnis der übrigen Beweiserhebungen genau unterrichtet ist. Diesem Einwand ist leicht zu begegnen.

Der Eröffnungsbeschluß unseres geltenden Rechts mit seinem nichtssagenden Inhalt ist allerdings völlig ungeeignet, dem Vorsitzenden die Grundlage für die Leitung der Verhandlung zu geben. Aber nach meinem Vorschlag fällt der Eröffnungsbeschluß weg und an seine Stelle tritt die Anklageschrift. Auch diese bedarf der inhaltlichen Umgestaltung, soll sie zur Grundlage der Hauptverhandlung gemacht werden. Aber diese Umgestaltung bietet keine Schwierigkeiten. In den Beschlüssen der ersten Lesung (I 193) hat die Kommission den richtigen Weg gewiesen, der leider in der zweiten Lesung (II 98, 100) wieder verlassen worden ist. Die Anklageschrift hat abzusehen von der durchaus wertlosen, weil einseitigen Geschichtserzählung; sie hat aber die Tatsachen anzuführen, auf denen die Anklage beruht, und für jede Tatsache die Beweismittel zu bezeichnen, mit denen sie erhärtet werden soll. Der Anklageschrift tritt die Erklärung des Beschuldigten und seines Verteidigers gegenüber, in der die Entlastungstatsachen, ebenfalls unter Bezeichnung der Beweismittel, anzugeben sind. So wird der Vorsitzende, ganz abgesehen von dem etwa vorangegangenen Vortermin, genau wissen, auf welche Tatsachen es ankommt, und in welcher Reihenfolge die Beweismittel vorzuführen sind; er wird, auch bei verwickelten, mehrere Tage in Anspruch nehmenden Verhandlungen seinen Plan für die Leitung der Verhandlung ungleich besser sich zurechtlegen können, als das heute der Fall ist; es wird nicht mehr möglich sein, was wir heute nur zu oft erleben, daß Dutzende von Zeugen Tag für Tag an der Gerichtsstelle anzutreten haben, um nach Schluß der Verhandlung, ohne vernommen zu sein, wieder nach Hause geschickt und auf den nächsten Tag vorgeladen zu werden.

Wird die Anklageschrift zu Beginn der Verhandlung verlesen und daran eine kurze Erklärung des Staatsanwalts wie des Verteidigers über ihre beiderseitigen Beweisantretungen geknüpft, dann weiß auch der Vorsitzende mit Einschluß der Schöffen oder der Geschworenenbank, um was es sich bei der ganzen Beweisaufnahme handelt; sie werden der Verhandlung mit lebhafterem Interesse und mit besserem Verständnis folgen, als das bisher der Fall zu sein pflegt.

Eine durch Schriftsätze beider Teile vorbereitete mündliche Verhandlung mit unmittelbarer Beweisaufnahme: das wäre das erfreuliche Ergebnis des Wegfalls der Voruntersuchung. Sollte dann auch in diesem oder jenem Falle eine Aussetzung der Verhandlung notwendig werden, weil die Beweisaufnahme sich doch anders gestaltet, als die Prozeßbeteiligten vorausgesehen haben, so wäre dieser Übelstand leichter zu tragen, als der schleppende Gang unserer heutigen Hauptverhandlung mit ihrer Vergeudung von Zeit und Kraft.

Unser heute geltendes Recht zerlegt in allen wichtigeren Fällen das erstinstanzliche Verfahren in zwei ganz verschiedenartig gestaltete Teile: die geheime schriftliche, inquisitorische Voruntersuchung und die öffentliche, mündliche, kontradiktorische Hauptverhandlung. Daß aus diesen verschiedenartigen Bestandteilen kein einheitliches Ganzes sich ergeben kann, liegt auf der Hand. An den Errungenschaften unseres Hauptverfahrens wollen wir nicht rütteln lassen; der Hebel muß an dem Vorverfahren angesetzt werden. Da aber die gerichtliche Voruntersuchung notwendig inquisitorisch ist, da sie öffentlich, mündlich, kontradiktorisch gar nicht gedacht werden kann, muß sie fallen. Die Kommission war auf dem richtigen Weg, als sie den Eröffnungsbeschluß beseitigte; daß sie die gerichtliche Voruntersuchung beibehalten hat, ist ein verhängnisvoller Fehler.

V.

Die staatlichen Zwangsmittel, insbesondere die Untersuchungshaft.

In der Eigenart des Strafverfahrens, das nicht der Durchsetzung privatrechtlicher Ansprüche, sondern dem Schutze der Rechtsordnung zu dienen bestimmt ist, liegt es begründet, daß hier die staatlichen Zwangsmittel ungleich kräftiger ausgebildet sind und sein müssen, als im Zivilprozeß. Die staatliche Zwangsgewalt äußert sich im Strafverfahren zunächst dem Beschuldigten gegenüber: in Vorführung, Festnahme, Verhaftung, wie in der Durchsuchung seiner Wohnung, seiner Sachen, seiner Person. Sie kommt aber auch dritten, an der Tat nicht beteiligten Personen gegenüber zur Anwendung und greift gerade hier tief in die Freiheit des einzelnen Staatsbürgers ein. Die Pflicht, Zeugnis abzulegen oder ein Gutachten zu erstatten, ist dem Zivilprozeß wie dem Strafverfahren im wesentlichen gemeinsam; aber der Strafprozeß kennt außerdem die allgemeine, auch dem Unbeteiligten auferlegte Pflicht, Gegenstände, die für die Untersuchung von Bedeutung sein können, herauszugeben, und er stellt, um die Erfüllung dieser Pflicht zu sichern, weitgehende Zwangsmittel dem Richter zur Verfügung; er macht auch vor dem Hausrecht nicht Halt und gestattet die Haussuchung selbst bei unverdächtigen Personen, wenn es die Ergreifung des Beschuldigten oder die Verfolgung von Spuren einer strafbaren Handlung oder die Beschlagnahme bestimmter Gegenstände gilt.

Ob der Gesetzgeber es verstanden hat, bei der Umgrenzung der dem Strafrichter eingeräumten Zwangsgewalt die Interessen der Gesamtheit zu wahren und doch die bürgerliche Freiheit so weit als möglich zu schonen: das ist eine Frage von der größten *politischen* Bedeutung. Durch alle Jahrhunderte hindurch können wir den Einfluß nachweisen, den die die Staatsverfassung gestaltenden Ideen auf die rechtliche Stellung des Staatsbürgers im Strafverfahren ausgeübt haben; mag es sich um den Beschuldigten selbst handeln, oder aber um die übrigen Rechtsgenossen, die an der Feststellung des Sachverhalts mitzuhelfen auch gegen ihren Willen gezwungen werden.

Es ist mir nicht möglich, an dieser Stelle die Vorschläge der Kommission, soweit sie sich auf die Lösung dieses Problems beziehen, nach allen Richtungen hin einer kritischen Prüfung zu unterziehen. Ich muß mich darauf beschränken, zwei Fragen von grundsätzlicher Bedeutung herauszugreifen, von denen die erste die rechtliche Stellung der an der Tat nicht beteiligten Personen, die zweite die Freiheit des Beschuldigten zum Gegenstande hat.

Nach geltendem Rechte ist es lebhaft bestritten, ob unverdächtige Personen gezwungen werden können, im Interesse der Strafverfolgung ihren nackten Körper der behördlichen Besichtigung und Untersuchung preiszugeben.

Für den Beschuldigten steht die Verpflichtung infolge ausdrücklicher Bestimmung des Gesetzes (§ 102) fest: die Durchsuchung seiner Person kann stets vorgenommen werden, wenn zu vermuten ist, daß sie zur Auffindung von Beweismitteln führen werde. Widersetzt er sich der Durchsuchung, so wird sie durch Gewalt erzwungen. Das kann zu Härten führen (man denke an den Verdacht der Abtreibung, der Kindestötung usw.), ist aber nicht zu entbehren.

Das Reichsgericht hat dieselbe Verpflichtung auch für unverdächtige Personen angenommen, und die Auffassung folgerichtig durchgeführt. Von besonderer Wichtigkeit ist das für den durch die strafbare Handlung Verletzten: etwa für den körperlich Mißhandelten, für das Opfer eines Sittlichkeitsdeliktes usw. Auch die von der Zeugnispflicht befreiten Personen, wie die Angehörigen des Täters, sind nach dem Reichsgericht der Verpflichtung, ihren Körper untersuchen zu lassen, unterworfen; und wenn sie sich weigern, dieser Verpflichtung nachzukommen, so ist Gewalt anzuwenden. Die von ihrem Mann mißhandelte Frau hat das Recht, ihr Zeugnis zu verweigern; aber wenn sie dem Richter oder dem von diesem bestellten Sachverständigen, der nach den Spuren der Mißhandlung forscht, ihren nackten Körper nicht freiwillig darbietet, so können ihr die Kleider vom Leibe gerissen und alle sonst erforderlichen Gewaltmaßregeln angewendet werden. Das Reichsgericht stützt sich für seine Ansicht darauf, daß das Gesetz das Gegenteil nicht ausdrücklich sagt, und daß die Eingangsworte des einschlagenden § 103 eine solche Auslegung gestatten.

Die Literatur hat sich ganz überwiegend auf den gegenteiligen Standpunkt gestellt und jeden Zwang gegen die die Untersuchung weigernden Personen für unzulässig erklärt. Ich nenne von den älteren Schriftstellern Geyer, John, v. Holtzendorff; von den neueren Ullmann, Bennecke, Beling, Frank, Rosenfeld. Mir ist es keinen Augenblick zweifelhaft, daß die Ansicht des Reichsgerichts unhaltbar ist. Die Pflicht, den eigenen Körper der Besichtigung und Untersuchung darzubieten, greift ungleich tiefer in die persönliche Freiheit ein als die Zeugnispflicht; um sie zu begründen, bedurfte es der ausdrücklichen Bestimmung des Gesetzes, und diese fehlt. Es ist grundsätzlich verkehrt, eine so tief in die persönliche Freiheit des einzelnen Staatsbürgers eingreifende Maßregel als etwas Selbstverständliches hinzustellen. Auch der Wortlaut des Gesetzes spricht nicht für, sondern gegen das Reichsgericht; § 103 gestattet „bei" unverdächtigen Personen die Durchsuchung nur dann, wenn Tatsachen vorliegen, aus denen zu schließen ist, daß die gesuchte Person, Spur oder Sache sich in den zu durchsuchenden Räumen befinde: das paßt nur auf die Haussuchung, niemals aber auf die Untersuchung einer Person.

Weitere Erwägungen treten hinzu. Der Gesetzgeber hat gewisse Personen von der Zeugnispflicht befreit; diese Befreiung würde illusorisch gemacht, wenn die Untersuchung des Körpers des Befreiten gestattet würde: die Striemen am Körper sprechen lauter und eindringlicher für die Mißhandlung als die abgelegte Aussage. Der Gesetzgeber hat dem ungehorsamen Zeugen gegenüber die Zwangshaft nur innerhalb gewisser Schranken zugelassen; läuft die gesetzliche Frist ab, so findet weiterer Zwang nicht statt. Hier aber sollte unmittelbarer körperlicher Zwang ohne jede Einschränkung, ohne jede Rücksicht zulässig sein?

Der Reichstag hat schon vor Jahren, in der Sitzung vom 23. November 1896, einen Antrag angenommen, nach dem die Untersuchung des Körpers einer unverdächtigten Person gegen deren Willen unzulässig ist. Die Kommission dagegen hat sich auf den vom Reichsgericht eingenommenen Standpunkt gestellt und beschlossen (I 79, II 179):

„Die körperliche Untersuchung soll verdächtigen und unverdächtigen Personen gegenüber zulässig sein, wenn sie für das anhängige Verfahren zum Zwecke der Feststellung des Vorhandenseins oder Nichtvorhandenseins von Spuren oder Folgen einer strafbaren Handlung notwendig ist" (beschlossen mit 18 Stimmen gegen 1 Stimme). „Im Falle der Weigerung soll es zulässig sein, die Untersuchung zu erzwingen" (beschlossen mit 12 gegen 7 Stimmen).

Die Mehrheit der Kommissionsmitglieder hat sich der Einsicht nicht verschließen können, daß durch die körperliche Untersuchung nicht bloß das Schamgefühl der untersuchten Person verletzt, sondern auch ihre Gesundheit auf das schlimmste gefährdet werden kann. Sie hat aber geglaubt, sich über dieses Bedenken hinwegsetzen zu können: „Eine Gefährdung der betroffenen Person durch gynäkologische Untersuchungen sei nicht zu befürchten, da erwartet werden dürfte, daß dazu nur geeignete Spezialärzte verwendet werden würden" (I 84). Wo und wie auf dem Land diese Spezialärzte gefunden werden sollen, darüber hat sich die Kommission leider nicht näher ausgesprochen.

Es scheint mir nicht nötig, der Mitteilung des Beschlusses ein Wort der Kritik anzufügen. Daß der Reichstag auf einen solchen Vorschlag eingehen könne, halte ich für völlig ausgeschlossen. Glaubt man, auf die körperliche Untersuchung einer unverdächtigen Person auch dann nicht verzichten zu können, wenn sich diese der Untersuchung widersetzt, so genügen die indirekten und zeitlich beschränkten Zwangsmittel, die der § 69 dem renitenten Zeugen gegenüber gewährt; unter allen Umständen aber müssen die von der Zeugnispflicht befreiten Personen erst recht von der Pflicht entbunden werden, ihren Körper als Beweismittel für die Zwecke der Strafverfolgung zur Verfügung zu stellen.

Dem Beschuldigten gegenüber ist die Untersuchungshaft die am tiefsten in seine Freiheit und damit in die Gesamtheit seiner Interessen einschneidende Maßregel. Hier haben die Vorschläge der Kommission manche kleine, dankenswerte Verbesserung gebracht; der unaufschiebbar gewordenen durchgreifenden Umgestaltung des geltenden Rechts ist die Kommission aus dem Wege gegangen.

Über die heute allgemein übliche „mißbräuchliche Anwendung der Untersuchungshaft" wird von allen Seiten geklagt. Wer sich näher darüber unterrichten will, der lese die Zusammenstellung nach, die Staatsanwalt Rosenberg in der „Zeitschrift für die gesamte Strafrechtswissenschaft" XXVI 340 gegeben hat. Den klassischen Beweis für die

Berechtigung dieser Klagen bildet eine Verfügung des ehemaligen preußischen Justizministers Schönstedt aus dem Dezember 1902, in der er die Beamten der Staatsanwaltschaft mit allem Nachdruck auf die Vermeidung von ungerechtfertigten Haftanträgen hinweist, und es den Aufsichtsbehörden „zur ernsten Pflicht" macht, „gegen Überschreitungen mit nachdrücklichem Ernste, gegebenfalls auf disziplinarischem Wege einzuschreiten". Auch in der Kommission selbst ist die Unhaltbarkeit des gegenwärtigen Zustandes von allen Rednern zugegeben worden; man hat besonders über die „mechanische", „schematische" Verhängung der Untersuchungshaft und deren unverhältnismäßig lange Dauer geklagt. Die von der Kommission erbetenen amtlichen Erhebungen über die tatsächliche Handhabung der Untersuchungshaft (I 93) sind von dem preußischen Justizminister leider mit der Begründung abgelehnt worden (I 132), daß es an den für solche Erhebungen erforderlichen Beamten fehle. Diese Begründung mag vielleicht nicht völlig überzeugend sein; der Ablehnung des Antrages selbst kann eine gewisse Beweiskraft kaum abgesprochen werden.

Die von der Kommission vorgeschlagenen Verbesserungen beziehen sich auf die Verhängung der Untersuchungshaft wegen Fluchtverdachts. Künftighin soll verlangt werden, daß Tatsachen vorliegen, die den Angeschuldigten der Flucht verdächtig machen; diese Tatsachen sind aktenkundig zu machen. Wichtiger, und entschieden mit Freude zu begrüßen, ist der Beschluß, daß die in § 112 Absatz 2 sich findenden Präsumtionen des Fluchtverdachts (wenn ein Verbrechen den Gegenstand der Untersuchung bildet; wenn der Angeschuldigte ein Heimatloser, Landstreicher usw. oder ein Ausländer ist) künftighin wegfallen sollen.

Unberührt geblieben sind dagegen die Bestimmungen des Gesetzes über die wegen Kollusionsverdachtes zu verhängende Untersuchungshaft. Nach § 112 kann die Untersuchungshaft angeordnet werden, wenn (abgesehen von dem dringenden Verdacht der Täterschaft) Tatsachen vorliegen, aus denen zu schließen ist, daß der Angeschuldigte Spuren der Tat vernichten oder daß er Zeugen oder Mitschuldige zu einer falschen Aussage oder Zeugen dazu verleiten werde, sich der Zeugnispflicht zu entziehen.

In der Literatur ist vielfach die vollständige Beseitigung der Kollusionshaft verlangt worden; so von Gneist, Zucker, Heinemann, v. Lilienthal. In der Tat ist die Kollusionshaft überflüssig.

Soweit es sich um die Sicherung des Zeugenbeweises handelt, hat eine beträchtliche Minderheit in der Kommission selbst darauf hingewiesen, daß die Strafdrohungen gegen Meineid und falsches Zeugnis und gegen die unternommene Verleitung zu einer falschen Aussage einerseits, der Zeugniszwang andererseits vollständig ausreichen, um eine Gefährdung des Untersuchungszweckes zu verhindern (I 93). Der Antrag, „die Kollusionshaft, soweit sie die Sicherung des Zeugenbeweises betrifft, zu beseitigen", ist in der ersten Lesung nur mit zehn gegen neun Stimmen abgelehnt worden.

Was vom Zeugenbeweis gesagt worden ist, gilt aber genau in derselben Weise auch für den Sachverständigenbeweis, zu dessen Sicherung gegen Einwirkungen des Beschuldigten schon heute die Untersuchungshaft nicht angeordnet werden darf. Und die Beseitigung von Spuren der Tat wird durch rechtzeitigen Augenschein, durch Haussuchungen und Beschlagnahme am sichersten unmöglich gemacht. Der Zivilprozeß, in dem es sich vielleicht um große Vermögenswerte handelt, kommt ohne die Kollusionshaft sehr gut aus. Beeinflussung der Zeugen durch Mittelspersonen wird durch die Haft des Angeschuldigten nicht ausgeschlossen und durch die Einrichtung unserer Gerichtsgebäude mit ihren völlig ungenügenden Zeugenräumen direkt begünstigt. Durchschlagend aber scheint mir die Erwägung, daß die Sammlung des Entlastungsmaterials, also auch die Unterredung mit Zeugen und Sachverständigen, das wichtigste Recht des Angeschuldigten darstellt, und daß dieses Recht durch die bloße Möglichkeit einer Kollusionshaft illusorisch gemacht wird.

Kann man sich aber zu einer Beseitigung der Untersuchungshaft nicht entschließen, so muß unbedingt ein Höchstmaß für ihre Dauer festgelegt werden, wie das auch nach österreichischem und ungarischem Rechte geschehen ist. Von der Fluchtgefahr kann man sagen, daß sie mit dem Fortschreiten der Untersuchung nicht geringer, sondern eher größer wird. Von der Kollusionsgefahr gilt das Gegenteil. Jede Beweiserhebung im Laufe des Vorverfahrens bedeutet eine Sicherung des Beweismaterials; mit jeder Augenscheinseinnahme, mit jeder Zeugenvernehmung, mit jeder Beschlagnahme von Beweisgegenständen wird es dem Angeschuldigten schwerer, die Spuren der Tat zu verwischen, oder Zeugen und Sachverständige zu beeinflussen. Es liegt im Wesen der Kollusionsgefahr, daß sie mit jedem Tag, mit jeder Woche nach eingeleiteter Untersuchung geringer wird. In der Kommission war, dieser Erwägung gemäß, der Antrag gestellt worden, die Dauer der Kollusionshaft solle drei Wochen nicht überschreiten. Zur Begründung war unter anderem auch darauf hingewiesen worden, daß die Festsetzung einer Frist den Richter nötigen werde, die erforderlichen Erhebungen zu beschleunigen. Der Antrag wurde mit dreizehn gegen fünf Stimmen abgelehnt.

Bezüglich der Kollusionshaft soll also nach der Kommission an dem geltenden Recht nichts geändert werden. Das ist eine böse Lücke in ihren Vorschlägen.

Noch schlimmer aber ist es, daß in der Kommission die Frage, ob das heutige Verfahren bei Verhängung der Untersuchungshaft den oft und eindringlich genug geltend gemachten Bedenken zum Trotz festgehalten werden könne, überhaupt nicht zur Erörterung gelangt ist. Und doch handelt es sich gerade hier um den springenden Punkt des gesamten Problems.

Man klagt darüber, daß der Richter die Untersuchungshaft in schablonenhafter, mechanischer Weise, ohne nähere Prüfung des Einzelfalles verhänge. Aber das kann ja, wie die Dinge heute liegen, gar nicht anders sein; der Richter ist beim besten Willen nicht in der Lage, eine Prüfung des Einzelfalles vorzunehmen. Er trifft seine Entscheidung auf Grund der Akten, d. h. auf Grund der Protokolle über die von der Polizei und vom Staatsanwalt vorgenommenen Erhebungen. Ob dieses Material vollständig oder lückenhaft, ob es tatsächlich richtig oder unrichtig ist, entzieht sich seiner Kenntnis. Er kann also gar nicht anders als schablonenhaft entscheiden.

Damit ist aber auch der Weg zur Abhilfe vorgezeichnet. Der Haftbefehl darf nur erlassen werden, nachdem der Richter in der Lage war, sich seine selbständige Überzeugung über die Stärke der gegen den Beschuldigten sprechenden Verdachtsgründe zu bilden. Mit anderen Worten: Der Erlassung des Haftbefehls muß eine summarische, kontradiktorische, mündliche Verhandlung der Prozeßparteien vor dem Richter vorangehen. Diese Forderung, für die früher schon Lasker, später v. Kries eingetreten sind, ist in jüngster Zeit von v. Pannwitz, Heinemann, Rosenberg und anderen lebhaft erörtert und mit aller Entschiedenheit vertreten worden. Ihre Durchführung bietet keine besondere Schwierigkeiten. In dem sofort anzuberaumenden Termin ist der Beschuldigte zu vernehmen, das vom Staatsanwalt und dem Verteidiger herbeigeschaffte Beweismaterial zu prüfen und, wenn nötig, durch von Amtswegen angeordnete Beweisaufnahme zu ergänzen. Auf Grund der mündlichen Verhandlung zwischen den Parteien und der unmittelbaren Beweisaufnahme entscheidet der Richter über die Erlassung des Haftbefehls. Staatsanwalt Rosenberg, gewiß ein unverdächtiger Zeuge, hält eine Frist von drei Tagen für völlig ausreichend, „um ein vorläufiges Urteil über die angebliche Tat und den angeblichen Täter zu gewinnen". Nur so lange hätte also die vorläufige Verwahrung bis zur Entscheidung über die Verhängung der Untersuchungshaft zu dauern.

Mit v. Lilienthal und Heinemann lege ich aber auch besonderes Gewicht darauf, daß in jedem Fall, sobald der Antrag auf Verhängung der Untersuchungshaft von der Staatsanwaltschaft gestellt ist, dem Beschuldigten rechtskundiger Beistand gesichert wird. Hat er einen Verteidiger nicht selbst gewählt, so muß ihm das Gericht einen solchen bestellen. Das ist nach meiner Überzeugung ein unabweisliches Gebot der Gerechtigkeit. Durch die Verhaftung wird nicht nur tief eingegriffen in alle Lebensverhältnisse des Beschuldigten, in sein Familienleben, in seine wirtschaftliche Betätigung, in seine gesellschaftliche Stellung: sie nimmt ihm vor allem die Möglichkeit, für die Sammlung des Entlastungsmaterials Sorge zu tragen. Während der Staatsanwalt den ganzen Apparat der Polizei in Bewegung setzen kann, ist er zur Untätigkeit verurteilt. Wertvolle Beweismittel können ihm unwiederbringlich verloren gehen. Dieser mit der Verhaftnng notwendig verbundene Nachteil kann nur dadurch ausgeglichen werden, daß für den Beschuldigten sein Verteidiger tätig wird. Die kleine Verzögerung, die durch die Auswahl oder Bestellung des Verteidigers herbeigeführt wird, kann leicht ertragen werden.

Soll der Verteidiger seine Aufgabe erfüllen, so muß ihm uneingeschränkter mündlicher und schriftlicher Verkehr mit dem verhafteten Beschuldigten gesichert sein. Gerade in dieser Beziehung sind die Bestimmungen des geltenden Rechts überaus bedenklich. Im Vorverfahren kann der Richter schriftliche Mitteilungen, deren Einsicht ihm nicht gestattet wird, zurückweisen; er kann ferner, wenn die Verhaftung nicht lediglich wegen Fluchtverdachts verhängt ist, anordnen, daß den Unterredungen des Verhafteten mit dem Verteidiger eine Gerichtsperson beiwohne (§ 148). Daß gerade diese letztere Beschränkung gar manchen unserer Rechtsanwälte, und nicht die schlechtesten unter ihnen, abhält, eine Unterredung mit dem Klienten zu begehren, ist bekannt und nur zu begreiflich. Die Kommission hat, und das muß ihr zum besonderen Verdienst angerechnet werden, in der zweiten Lesung (II 186) die von ihr noch in der ersten Lesung festgehaltenen Beschränkungen gestrichen und den freien schriftlichen wie mündlichen Verkehr zwischen Verteidiger und Beschuldigten vorgeschlagen. Aber was helfen diese Befugnisse des Verteidigers dem verhafteten Beschuldigten, dem ein Verteidiger nicht zur Seite steht?!

Die heutige Gestaltung der Untersuchungshaft ist die unabweisliche Konsequenz aus dem unser gesamtes Vorverfahren beherrschenden Inquisitionsprozeß. Wenn der Staatsanwalt und nach wie neben ihm der Untersuchungsrichter für die Erhebung auch des Entlastungsbeweises zu sorgen haben, dann ist für eine selbständige Tätigkeit des Verteidigers oder gar das Beschuldigten selbst kein Raum; sitzt der Beschuldigte erst hinter Schloß und Riegel, von der Außenwelt hermetisch abgesperrt, dann kann die amtliche Untersuchung ungestört ihren ruhigen, schleppenden Gang nehmen, bis, vielleicht nach langen Monaten, die Sache für die Hauptverhandlung reif erscheint. Die Strafprozeßkommission, die an der gerichtlichen Voruntersuchung grundsätzlich nichts ändern will, hat nur folgerichtig gehandelt, indem sie auch für die Untersuchungshaft, von kleinen Verbesserungen abgesehen, alles beim alten ließ. Aber gerade deshalb sind ihre Vorschläge für jeden unannehmbar, der eine wirkliche Reform unseres Strafverfahrens verlangt.

VI.

Die Zielpunkte der Reform.

Nach den Erklärungen, die der Staatssekretär der Justiz vor kurzem im Reichstag abgegeben hat, ist der Versuch, die Schöffengerichtsverfassung im Sinne der von der Kommission gemachten Vorschläge einheitlich durchzuführen und so mit den Strafkammern zugleich auch das Schwurgericht zu beseitigen, an dem Widerspruch mehrerer einzelstaatlicher Regierungen endgültig gescheitert. Damit sind die Reformarbeiten überhaupt auf einen toten Punkt gelangt. Denn mit der nunmehr in den Vordergrund gedrängten Frage, nach welchen Richtungen hin eine Verbesserung des jetzigen schwurgerichtlichen Verfahrens wünschenswert und möglich ist, hat die Kommission sich überhaupt nicht befaßt; die zur Lösung dieser Frage notwendige, umfangreiche und schwierige Arbeit ist noch gar nicht einmal in Angriff genommen.

Es wäre aber ein verhängnisvoller Irrtum, zu glauben, daß damit die Gefahr einer rückschrittlichen Umgestaltung unseres Strafverfahrens auf absehbare Zeit abgewendet sei. Aller Wahrscheinlichkeit nach werden die Vorschläge der Kommission, auch nachdem man auf die Beseitigung des Schwurgerichts Verzicht geleistet hat, in allen übrigen Punkten die Grundlage für die Regierungsvorlage bilden. Daß diese Vorschläge zum großen Teil unannehmbar sind, glaube ich in den vorangehenden Aufsätzen gezeigt zu haben. Und dabei habe ich nur einzelne Fragen herausgegriffen, von denen ich annehme, daß sie auch für den Nichtjuristen ohne weiteres verständlich seien; eine erschöpfende kritische Würdigung der Kommissionsarbeiten hätte den mir zur Verfügung stehenden Raum bei weitem überschreiten müssen. Gar manches schwere Bedenken gegen die von der Kommission gemachten Vorschläge habe ich für diesmal unausgesprochen gelassen. Die augenblickliche Waffenruhe darf uns darüber nicht täuschen, daß es demnächst zu neuem Kampfe kommen wird.

Dazu tritt eine weitere und noch schlimmere Gefahr. Es ist nicht ausgeschlossen, daß die Regierungen, nachdem die Beseitigung des Schwurgerichts sich als undurchführbar herausgestellt hat, nunmehr auf den alten Vorschlag zurückgreifen und die Einführung der Berufung gegen die Strafkammerurteile als die Erfüllung eines volkstümlichen Verlangens vorschlagen werden. Etwa in der Weise, daß die Strafkammer in erster Instanz, statt mit fünf Richtern wie bisher, mit drei Richtern besetzt wird; und daß die Berufung an eine andere, mit fünf Richtern besetzte Kammer desselben Landgerichts geht. Ein solches Verfahren wäre das schlimmste Zerrbild einer Reform. Um den Preis einer Verschlechterung des erstinstanzlichen Verfahrens sollen wir ein angebliches Rechtsmittel erkaufen, das unter dem Deckmantel der Berufung eine tiefgreifende Durchbrechung der unmittelbaren Beweisaufnahme in der zweiten Hauptverhandlung uns zu bringen bestimmt wäre. Es mag ja sein, daß ein solcher Vorschlag auf die Zustimmung leitender Parlamentarier nicht nur des Zentrums rechnen könnte. Aber sicher ist es, daß alle diejenigen unter uns, die in der Mündlichkeit der Verhandlung und in der Unmittelbarkeit der Beweisaufnahme die unentbehrliche Grundlage für jedes rationell gestaltete Strafverfahren erblicken, all ihre Kraft aufbieten würden, um einen solchen Vorschlag zu Fall zu bringen.

Die Reform unseres Strafverfahrens bleibt also nach wie vor auf der Tagesordnung: und unsere Politiker werden gut tun, sie im Auge zu behalten, um vor unliebsamen Überraschungen gesichert zu sein.

Die Fachkreise werden nicht müßig bleiben. Die deutsche Landesgruppe der Internationalen Kriminalistischen Vereinigung hat schon im Oktober des vorigen Jahres den Beschluß gefaßt, „eine Sammlung kritischer Besprechungen der von der Kommission für die Reform des Strafprozesses gemachten Vorschläge zu veranstalten“; Landgerichtsdirektor Dr. Aschrott ist mit der Leitung dieses Unternehmens beauftragt. Als Mitarbeiter sind Theoretiker und Praktiker, Richter und Staatsanwälte wie Rechtsanwälte, Juristen aus dem Norden und Süden, Osten und Westen des Deutschen Reiches herangezogen worden. Dr. Aschrott hat zugleich den zusammenfassenden Generalbericht übernommen. Auf der im September dieses Jahres stattfindenden Versammlung wird die deutsche Landesgruppe der J. K. V. zu der Frage Stellung nehmen und voraussichtlich einen besonderen Ausschuß zur Ausarbeitung von Gegenvorschlägen einsetzen. Vielleicht überzeugt sich dann auch der Abgeordnete Bassermann, daß die Leistungen der Kommission nicht nur von einigen nicht in die Kommission berufenen „Professoren" aus Brotneid verurteilt, sondern von der übergroßen Mehrheit der deutschen Juristen, und zwar von Freunden wie von Gegnern des Schwurgerichts, aus sachlichen Gründen abgelehnt werden; was er übrigens, bei einiger Kenntnis der einschlägigen Literatur, auch schon eher hätte wissen können und sollen.

In wenigen Worten möchte ich aber, nachdem ich an den Schluß meiner Ausführungen gelangt bin, die Gedanken noch einmal zusammenfassen, von denen bei einer fortschrittlichen Weiterbildung unserer Strafprozeßordnung nach meiner Meinung ausgegangen werden muß.

1. Die weitaus wichtigste Forderung ist die Beseitigung der Strafkammern. In dieser Frage gibt es keine Zugeständnisse. Die Rechtsprechung der Strafkammern ist es, die, nach der ausdrücklichen Erklärung der Kommission, das Vertrauen des Volkes in die Strafrechtspflege erschüttert hat. Daran wird aber durch die Zulassung der Berufung von einer Strafkammer an die andere nicht das geringste geändert.

Jede angebliche Reform, die an den Strafkammern als erstinstanzlichen Gerichten festhält, muß aus rechtlichen wie aus politischen Gründen mit äußerster Entschiedenheit zurückgewiesen werden. Darüber, was man an die Stelle der Strafkammern zu setzen hat, können die Ansichten auseinandergehen. Die Einführung mittlerer Schöffengerichte möchte ich nicht empfehlen; denn dann wird es kaum zu umgehen sein, daß man gegen deren Urteile die Berufung an größere Schöffengerichte einführt; und das gäbe eine fast ebenso unerfreuliche Komplikation in der Organisation unserer Strafgerichte, wie der Kommissionsentwurf. Ich hielte es, wie bereits bemerkt, für das einfachste und richtigste, die bisherige Zuständigkeit der Strafkammern zwischen den Schöffengerichten und den Schwurgerichten aufzuteilen; neben dem Amtsrichter als Einzelrichter (und dem Reichsgericht) würden diese beiden Gerichte erster Instanz vollkommen ausreichen, um alle Strafsachen zu erledigen. Die Berufung gegen die Urteile der Schöffengerichte mag dann an Schöffenberufungsgerichte geleitet werden, die mit einem Richter und vier Schöffen besetzt werden könnten. Die zahlreichen Einzelfragen, die in dem einen wie in dem anderen Fall auftauchen, können hier nicht erörtert werden; ihre Lösung bietet keine besondere Schwierigkeit.

2. Daran schließt sich als weitere unerläßliche Forderung die Beseitigung der gerichtlichen Voruntersuchung und die Umgestaltung des Eröffnungsverfahrens. Ich kann hier auf die von mir auf S. 40ff. gemachten Ausführungen verweisen. Der Gedanke, daß auch der Strafprozeß Parteiprozeß ist, muß folgerichtig durchgeführt werden. Das kann nur geschehen, wenn die Verfolgung ausschließlich in die Hände der Staatsanwaltschaft gelegt und dem Richter seine über den Parteien stehende entscheidende Stellung gesichert wird. Grundsätzlich muß es daher auch von dem Belieben des Staatsanwalts abhängen, ob er seine Anklage vor den erkennenden Richter bringen will oder nicht. Der Eröffnungsbeschluß ist für den Regelfall zu beseitigen und nur ausnahmsweise für gewisse, im Gesetz genau umschriebene Fälle zuzulassen. Dann wird auch die Hauptverhandlung selbst von den ihr heute noch anhaftenden inquisitorischen Elementen frei bleiben und das gesamte Strafverfahren sich auf dieselben Grundsätze der Mündlichkeit und Unmittelbarkeit aufbauen.

3. Der dritte entscheidende Punkt betrifft die Rechtsstellung des Beschuldigten gegenüber der staatlichen Zwangsgewalt. Hier knüpfen die in meinem letzten Artikel gemachten Vorschläge an: Beschränkung der Haft wegen Fluchtverdachts, Beseitigung der Kollusionshaft, Erlassung des Haftbefehls auf Grund eines kontradiktorischen Zwischenverfahrens, Sorge für die Verteidigung des Verhafteten.

Neben diesen drei Forderungen erscheinen alle anderen als nebensächliche Wünsche. Stößt deren Erfüllung auf unüberwindliche Hindernisse, so sollten wir darum das Reformwerk nicht scheitern lassen. Hierher rechne ich die von mir vorgeschlagene Ausbildung des Wiederaufnahmeverfahrens; hierher die Gestaltung des abgekürzten Verfahrens, das nach den Vorschlägen der Kommission zu gar manchen schweren Bedenken Anlaß gibt; hierher die Reform der Privatklage, die schon in ihrem heutigen Umfang zu schreienden Ungerechtigkeiten führt; und gar manches andere noch. Aber wenn in allen diesen Punkten ein Kompromiß durchaus möglich ist, so muß um so entschiedener an jenen grundsätzlichen Forderungen festgehalten werden. Ist unsere Zeit nicht reif für ihre Durchsetzung, so können wir warten. Ein schwerer politischer Fehler aber wäre es, wollten wir für kleine Zugeständnisse die Beibehaltung der unerträglichen Mängel des gegenwärtigen Verfahrens gutheißen.

Aber freilich: gerade auch im Strafverfahren sind nicht die Vorschriften des Gesetzes ausschlaggebend, sondern die Männer, denen die Durchführung des Gesetzes anvertraut ist. Die vorzüglichste Strafprozeßordnung wird uns wenig helfen, wenn die Justizverwaltung die Mißstände, die sich nur zu leicht in die Strafrechtspflege einschleichen, hintanzuhalten oder zu beseitigen nicht vermag.

Vor allem muß für eine entsprechende Vorbildung der Strafrichter Sorge getragen werden. Soweit es sich um die juristisch-technischen Kenntnisse auf dem Gebiete des Strafrechts und des Strafprozesses handelt, genügt eine größere Berücksichtigung dieser beiden Rechtszweige im ersten und zweiten Examen. Der heutige Zustand, wie er sich in Preußen allmählich dank der Sorglosigkeit unserer Justizverwaltung herausgebildet hat, ist auf die Dauer unerträglich. Es sieht freilich noch nicht darnach aus, als sollte es bald besser werden. Vielleicht habe ich Gelegenheit, ein andermal an dieser Stelle auf diese wichtige Frage zurückzukommen. Aber auch die gründlichste juristische Fachbildung reicht nicht aus, um dem Strafrichter die volle Befähigung für die Erfüllung der ihm übertragenen Pflichten zu geben. Psychologische und psychiatrische Probleme treten tagtäglich an ihn heran; in den verwickelten Fragen des Bank- und Börsenwesens soll er Bescheid wissen; die Gutachten der Sachverständigen in allen Fragen der menschlichen Erkenntnis soll er selbständig prüfen; mit den Aufgaben der Fürsorgeerziehung, der Arbeitshäuser, der Gefängnisverwaltung soll er vertraut sein. Es sei zugegeben, daß er, bei Anstrengung aller seiner Kräfte, im Laufe einer langjährigen Praxis alle diese Erfahrungen sammeln kann; aber das geschieht dann auf Kosten seiner Mitmenschen die, als Zeugen oder als Beschuldigte, das Lehrgeld bezahlen müssen. Hier kann nur eine Maßregel Abhilfe schaffen: die Einrichtung von besonderen Fortbildungskursen für Strafrechtspraktiker. Die schon heute da und dort abgehaltenen Gefängniskurse bieten dafür keinen Ersatz. Sie sind nicht bloß zu einseitig bureaukratisch organisiert; sie leiden vielmehr vor allem an dem Gebrechen, daß ihr Besuch im freien Ermessen der jungen Juristen steht. Die Fortbildungskurse, am besten im Anschluß an die Universitäten oder Rechtsakademien eingerichtet, müßten obligatorisch sein, und niemand dürfte zum Richteramt in Strafsachen zugelassen werden, der sich nicht über den erfolgreichen Besuch eines solchen Kursus ausweist.

Daß bei der Auswahl der Vorsitzenden für die verschiedenen Strafgerichte ganz besondere Sorgfalt angewendet werden muß, sollte sich von selbst verstehen. Wenn unbedingte Objektivität und vornehme Ruhe bei der Leitung der Verhandlung nur zu häufig vermißt werden, so trifft die Schuld nicht den Vorsitzenden, sondern die Justizverwaltung, die den Richter an den falschen Platz gestellt hat. Das gilt ganz besonders für den Schwurgerichtsvorsitzenden, der das Vertrauen der Geschworenen in dem Augenblick einbüßen muß, in dem er seine Voreingenommenheit gegen den Angeklagten und die Entlastungszeugen durchblicken läßt oder in einen häßlichen Wortwechsel mit der Verteidigung sich verwickelt. Es gilt aber auch für den Leiter der Schöffengerichtsverhandlungen. Mag hier auch die Auswahl viel schwieriger sein, so wird auf dem Dienstaufsichtswege mancher Fehler, den der junge Assessor begeht, gerügt und abgestellt werden können.

Viel schwieriger ist es, die richtigen Personen für die Ausübung der staatsanwaltschaftlichen Funktionen zu finden. Das Institut der Staatsanwaltschaft krankt an der unklaren Stellung, die ihm durch unsere Gesetzgebung angewiesen ist. Das wird besser werden, wenn, nach Beseitigung der richterlichen Voruntersuchung, die Führung des Vorverfahrens in die Hände der Staatsanwaltschaft gelegt wird und diese die notwendigen Ermittlungen in der Regel selbst vornimmt, statt sie durch die Polizei besorgen zu lassen. Den Grundfehler aber erblicke ich darin, daß die Staatsanwaltschaft nach unserm geltenden Recht als Organ der Justizverwaltung aufgefaßt und damit in die richterliche Laufbahn hineingewiesen ist. Man vergesse nicht, daß der Richter nach seiner freien Überzeugung zu urteilen, der Staatsanwalt aber den Weisungen seines Vorgesetzten Folge zu leisten hat. Wer sich an das eine gewöhnt hat, wird sich nur schwer in das andere finden. Ein älterer Richter wird schlecht zum Staatsanwalt taugen; und der erfahrene Staatsanwalt wird sich nur schwer in die unparteiische Stellung des Richters finden. Viel richtiger wäre es nach meiner Überzeugung, die Staatsanwaltschaft dem Ministerium des Innern zu unterstellen und ihr die Verwaltungslaufbahn offenzuhalten. Die größere Abhängigkeit des öffentlichen Anklägers, die mit der Durchführung dieses Vorschlages verknüpft wäre, würde mehr als wett gemacht durch die Freihaltung des Richteramtes von Elementen, die durch ihre ganze Anlage, ihre Neigungen und Gewohnheiten die volle Qualifikation für diese Stellung eingebüßt haben.

Die Durchführung des Parteiprozesses verlangt aber auch, daß die Verteidigung in den Händen von geeigneten Personen ruht. Und bei aller Hochachtung für gar manchen hochverdienten Mann, dem wir in den Sälen unserer Strafgerichte begegnen, muß es offen ausgesprochen werden, daß hier im großen und ganzen die Verhältnisse noch viel schlimmer liegen, als bei den Strafrichtern und den Staatsanwälten. Ich spreche hier gar nicht von dem durch unser Gerichtsverfassungsgesetz sanktionierten Unfuge, daß junge, unerfahrene Referendare zu Verteidigern in schwierigen Strafsachen bestellt und vielleicht noch durch Justizministerialverfügungen in der freien Erfüllung der übernommenen Pflichten eingeschränkt werden. Ich erhebe vielmehr — und es ist nicht das erste Mal, daß ich das ausspreche — gegen unsere Rechtsanwaltschaft den Vorwurf, daß sie, und zwar gerade die tüchtigsten unter ihnen, die Verteidigung in Strafsachen als minderwertige Tätigkeit betrachten und soviel als möglich von sich fernhalten; ganz ebenso, wie nur zu häufig der Zivilrichter auf den Kollegen in der Strafkammer herabzusehen pflegt.

Es muß zugegeben werden, daß unsere Gesetzgebung und noch mehr unsere Praxis das Ihrige tun, um allen feiner organisierten Naturen die Tätigkeit als Verteidiger zu verleiden. Im Vorverfahren trägt ihm der Gesetzgeber das ausgesprochenste Mißtrauen entgegen; der mündliche wie der schriftliche Verkehr mit dem verhafteten Beschuldigten steht unter der Aufsicht des Gerichts, das vielleicht den Gefängnisaufseher beauftragt, die Unterredung des Verteidigers mit seinem Klienten zu überwachen, damit Kollusionen verhindert werden. Und in der Hauptverhandlung sitzt der Staatsanwalt am Richtertisch, der Verteidiger unten vor dem Angeklagten, so daß die überlegene Stellung des Vertreters der Anklage, seine Kollegialität mit den Richtern schon äußerlich zum unverkennbaren Ausdrucke gelangt. Jede entschiedenere Wahrnehmung der Interessen des Angeklagten, jeder kräftigere Widerspruch gegen die Anordnungen des Vorsitzenden bringt die Gefahr eine Ungebührstrafe mit sich, die den Staatsanwalt niemals treffen kann; obwohl es doch so einfach wäre, die Entscheidung, ob eine Ungebühr vorliegt, der Disziplinarkammer zu überweisen. Und zu allen diesen Unannehmlichkeiten noch die maßlose Zeitvergeudung, mit der der Verteidiger nicht bloß in den größeren Sachen sich abfinden muß. Was Wunder, daß unter diesen Umständen die meisten Rechtsanwälte sich hüten, als Verteidiger aufzutreten! Dennoch meine ich, daß die Rechtsanwaltschaft von dem Vorwurfe nicht freigesprochen werden kann, für die große und schöne Aufgabe der Verteidigung in Strafsachen nicht das richtige Verständnis zu besitzen. Gewiß gibt es zahlreiche Straffälle, die kein juristisches Interesse bieten, und zahlreiche Beschuldigte, die auf menschliches Mitgefühl keinen Anspruch haben. Aber diese Fälle sind doch seltener, als man bei oberflächlicher Betrachtung meint. Jeder Strafprozeß bietet dem, der zu sehen vermag, eine Fülle von interessanten juristischen Fragen; und wer sich einmal daran gewöhnt hat, der Genesis des Verbrechens in der Seele des Verbrechers und in seiner Lebensgeschichte nachzuspüren, der wird auch in dem vielfach vorbestraften Gewohnheitsverbrecher einen Gegenstand lehrreicher Betrachtung finden. Und außer diesen Fällen gibt es doch auch andere, in denen die Feststellung oder die rechtliche Beurteilung der Tat oder die Klarlegung der Motive, die den Täter zur Tat getrieben haben können, zu den interessantesten und schwierigsten Untersuchungen Anlaß geben, in denen der Kampf zwischen Anklage und Verteidigung alle Kräfte des Verstandes zur Anspannung bringt. Unter allen Umständen aber ist es eine Aufgabe, die des Juristen wie des Menschenfreundes würdig ist, dem Angeklagten in seiner schweren Stunde zur Seite zu stehen. Und mag er immerhin ein tief gesunkener Verbrecher sein — wie der Arzt dem Kranken seine Hilfe nicht versagt, wie auch der Kranke und seine Krankheit beschaffen sein mag, so hat auch der Verteidiger jedes gesetzliche Mittel zur Anwendung zu bringen, damit seinen Klienten keine härtere als die nach dem Gesetze verwirkte Strafe treffe.

Wenn erst einmal gerade die angesehensten unter den Rechtsanwälten es nicht mehr verschmähen, „nach Moabit zu gehen", so wird auch der Ton in den Strafgerichtssälen ein anderer und besserer werden. Dann wird es nicht mehr vorkommen, daß bei längeren Ausführungen des Verteidigers der Vorsitzende lebhafte Zeichen der Ungeduld von sich gibt und die Beisitzer in ihren Akten lesen und schreiben; daß Anträge schroff zurückgewiesen oder Vorträge unterbrochen werden; daß ein fortgesetzter Kampf zwischen dem Verteidiger und dem Vorsitzenden geführt wird, der nicht nur das Ansehen der Beteiligten, sondern die Würde der Strafrechtspflege selbst gefährdet. In andern Ländern, in Frankreich und England, in Österreich oder Italien, bringt der Beruf des Verteidigers nicht nur reichen Gewinn sondern auch hohes Ansehen; oft genug ist er das Sprungbrett zu einer großen politischen Laufbahn. Warum muß es denn bei uns anders sein?

Der Parteiprozeß wird gerade im Strafverfahren zum Zerrbild, wenn die Männer, denen die Rollen des Anklagens, des Verteidigens, des Richtens zugewiesen sind, ihrer Aufgabe nicht gerecht werden. Manches kann da die Gesetzgebung, vieles die Justizverwaltung ändern: aber die Hauptaufgabe bleibt dem Juristenstand selbst, der, in allen seinen Zweigen, die tüchtigen und pflichttreuen Elemente schützen und fördern, die untüchtigen und pflichtvergessenen fernhalten oder ausscheiden muß. Die Reform unseres Strafverfahrens muß getragen werden von einem Juristenstande, der sich des Ernstes und der Würde der ihm zugewiesenen Rolle in jedem Augenblick bewußt ist.

Ein Wort zum Schluß an meine politischen Freunde. Ich möchte meinen, daß es wenige Punkte von größerer Wichtigkeit in einem liberalen Programm geben könnte, als eine volkstümliche Strafrechtspflege. Das hatten die alten Liberalen aus der ersten Hälfte des neunzehnten Jahrhunderts sehr gut erkannt. Die Beseitigung des Inquisitionsprozesses ist ihr Werk. Heute pflegen die liberalen Politiker an den Fragen des Strafverfahrens teilnahmslos vorbeizublicken. Die Aufmerksamkeit beschränkt sich auf gewisse Lieblingsforderungen: Beseitigung des Zeugniszwanges in Preßsachen, Behandlung der zu Freiheitsstrafen verurteilten Redakteure usw. usw. Für die grundlegenden Fragen der Strafprozeßreform besteht in den Kreisen der liberalen Politiker gar kein oder doch nur ein ganz geringes Interesse. Da läßt man bei der Beratung des Justizetats die Juristen sich untereinander streiten: als ob *die* es wären, die unter einer schlechten Strafrechtspflege in erster Linie leiden! Die geplante Beseitigung des Schwurgerichts hat weitere Kreise erregt, ich gebe es gerne zu. Aber unter den Vorschlägen der Kommission ist mancher, der die staatsbürgerliche Freiheit viel ernster bedroht, als das große Schöffengericht es je vermöchte. Auf diese Gefahr wollte ich hinweisen, ehe es zu spät geworden ist.

Druck von Breitkopf und Härtel in Leipzig.

FSC
www.fsc.org
MIX
Papier | Fördert gute Waldnutzung
FSC® C083411

Kolibri 360 GmbH
Ferdinand-Jühlke-Straße 7
99095 Erfurt, Deutschland
produktsicherheit@kolibri360.de